T0105958

Ripley's Believe It or Not!

Vicepresidenta de Licencias y Publicaciones Amanda Joiner
Gerenta de contenido creativo Sabrina Sieck

Editora Jordie R. Orlando
Texto Geoff Tibballs
Redacción de artículos Engrid Barnett, Jordie R. Orlando
Revisora de datos y correctora Rachel Paul
Indizadora Yvette Chin
Agradecimientos especiales Steve Campbell, Yaneisy Contreras, John Corcoran, Steph Distasio, Julia Moellmann, Kurtis Moellmann, Colton Kruse y Matt Mamula

Diseñador Luis Fuentes
Reprografía Bob Prohaska
Diseño de la portada Luis Fuentes

Copyright 2022 de Ripley Entertainment Inc.

Todos los derechos reservados. Ripley, ¡Aunque Ud. no lo crea! y ¡Aunque Ud. no lo crea!, de Ripley son marcas registradas de Ripley Entertainment Inc.

ISBN 978-1-60991-512-4

Se prohíbe la reproducción, el almacenamiento en un sistema de recuperación de información o la transmisión de esta publicación por cualquier medio, ya sea electrónico, mecánico, de fotocopiado, grabación o de cualquier otro tipo, parcialmente o en su totalidad, sin el permiso por escrito del editor.

Información de contacto sobre permisos:
Vice President, Licensing & Publishing
Ripley Entertainment Inc.
7576 Kingspointe Parkway, Suite 188
Orlando, Florida 32819
publishing@ripleys.com
www.ripleys.com/books

Fabricado en China en septiembre de 2022 por Leo Paper
Primera impresión

Número de control de la Biblioteca del Congreso:
2021934183

NOTA DEL EDITOR
Aunque se ha hecho todo lo posible para verificar la exactitud de los artículos en este libro, el editor no se hace responsable de los errores contenidos en el mismo. Cualquier comentario de los lectores es bienvenido.

ADVERTENCIA
Algunas de las proezas y actividades que se presentan fueron realizadas por expertos, y ninguna persona sin entrenamiento y supervisión adecuados debe intentar emularlas.

Ripley's
Believe It or Not!®

RIPLEY®
PUBLISHING

a Jim Pattison Company

CONTENIDO FUERA DE LO COMÚN

43
HAZAÑAS QUE PONEN LOS PELOS DE PUNTA

55
CREACIONES EXTRAÑAS

118
ANIMALES INCREÍBLES

SECCIONES ESPECIALES:

Una mirada a fondo en las increíbles vidas

La sorprendente verdad detrás de algunas

82
MARAVILLAS NATURALES

105
TECNOLOGÍA EXTRAÑA

44
CULTURAS
ASOMBROSAS

Ripley's Rarities

Un vistazo a las piezas raras e inusuales que

FAN FEED

¡Las sorprendentes contribuciones de los

RIPLEY'S EXCLUSIVE

¡La gente detrás de las imágenes en
entrevistas que no se encuentran en ningún

NOVEDADES

EL SIGUIENTE GRAN ÉXITO

El Odditorium en Surfers Paradise, Queensland, Australia, tiene un nuevo residente: Ring-O, ¡el pulpo de anillos azules de 9 metros de ancho! Los pulpos de anillos azules reales solo crecen hasta unos 20 cm de largo, pero son uno de los animales marinos más venenosos del mundo. Pero Ring-O no es la única novedad en Surfers Paradise: ¡el Odditorium también se renovó con cuatro galerías adicionales y un teatro móvil 7D de última generación!

HOLA
Me llamo
EGERTON

ADICIÓN ADORABLE

En marzo de 2020, el acuario de Ripley de Myrtle Beach en Carolina del Sur, EE. UU., dio la bienvenida a un grupo de pingüinos africanos a su recién construida casa para pingüinos. Unos siete meses después, llegó Egerton, ¡la primera cría de pingüino que salió del cascarón en el acuario! Fue algo emocionante no solo porque Egerton es adorable, sino también porque los pingüinos africanos son una de las especies de pingüinos que están en mayor riesgo de extinción en el mundo. Son los únicos pingüinos de África y prefieren aguas más cálidas, a diferencia de sus primos antárticos.

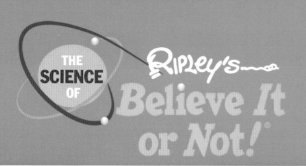

THE SCIENCE OF Ripley's Believe It or Not!®

CIENCIA RARA

Los habitantes de Arizona, EE. UU. han disfrutado de *La ciencia de ¡Aunque Ud. no lo crea!, de Ripley*, una colaboración interactiva entre Ripley y el museo Science North. Desde febrero de 2021, los visitantes han podido ver no solo nuestras piezas en exhibición, sino también cómo y por qué llegaron a ser así. Algunas de las rarezas incluidas en la atracción de Scottsdale son un modelo de tamaño real de una serpiente prehistórica, microesculturas que caben en el ojo de una aguja ¡y una vaca de verdad con dos cabezas!

LO NUEVO EN NEWPORT

Después de un año de extensas renovaciones, World of Adventure de ¡Aunque Ud. no lo crea!, de Ripley en Newport, Oregon, EE. UU., vuelve a abrir sus puertas a la diversión! Además de las 11 galerías temáticas con más de 500 piezas extrañas e inusuales, los visitantes también pueden posar junto a sus celebridades y superhéroes favoritos en el museo de cera de Louis Tussaud. Afuera del edificio hay un jardín de arte insólito con un enorme gorila hecho de llantas y una banca de secoya de 1,588 kg tallada en forma de pulpo.

ALGO NUEVO PARA TODOS

¡Estamos en el mundo digital con cinco nuevas series de videos en línea!

El anfitrión de cada serie es un miembro del equipo de Ripley que comparte su experiencia al mostrar las más increíbles historias, comidas, piezas, datos y mucho más. Con tantos temas extraños y maravillosos, ¡siempre hay algo para todos!

TODOS ESTÁN EN YOUTUBE.COM/RIPLEYS

Ripley's REWIND

Presentado por la experta en redes sociales Steph Distasio, Ripley's Rewind destaca lo extraño en una era de *baby boomers*, *millennials* y más allá. Con reminiscencias, cultura pop, televisión y modas que cautivaron a Estados Unidos, hablamos de todo, desde artemias hasta Carmen Sandiego. Es una serie que ofrece momentos nostálgicos de la infancia y, por supuesto, agrega un pequeño toque de Ripley.

Believe It or Not!® BITES

¿Qué se está cocinando en la cocina de Ripley? Productor de video de día y chef de noche, Matt Mamula puede servir lo extraño en Believe It or Not! Bites. Con un vaso de limonada rosa nacida en el circo y una hamburguesa romana de 1500 años de antigüedad se tiene una comida (y una historia de sobremesa).

After DARK

Siempre fuera de lo común y llegando de plano al tabú, Ripley's After Dark hace aflorar lo macabro e inexplicable. Acompañe a nuestra intrépida anfitriona y reina del contenido creativo, Sabrina Sieck, mientras revela la verdad sobre los baños de sangre de la condesa Elizabeth Báthory, suelta la sopa sobre la supuesta arma homicida de Lizzie Borden y examina los restos del Vampiro de Düsseldorf. Todo en After Dark está basado en hechos y es real.

Ripley's HISTORY [OFF THE RECORD]

No es una clase de historia como cualquier otra... ¡ni tampoco un profesor de historia cualquiera! Colton Kruse, curador de contenido digital y entusiasta virtuoso de la historia, está ansioso por compartir algunas peculiares páginas que probablemente no se encuentren en ningún libro de texto. ¿Cuál fue el peor año de la historia? ¿Quién fue el verdadero Dr. Frankenstein? Conoceremos más sobre estos temas a medida que nos adentremos en un pasado extraño en Ripley's History Off the Record.

Ripley's UP CLOSE & PECULIAR

¡Lo extraño adquiere un tinte personal con nuestro comprador de piezas de exhibición, Kurtis Moellmann! Up Close & Peculiar nos lleva directamente a los estantes de Ripley's Warehouse con piezas para adictos a la cultura pop y coleccionistas de rarezas por igual. Kurtis hace que las piezas exclusivas de Ripley, directamente de nuestra colección, cobren vida en su pantalla.

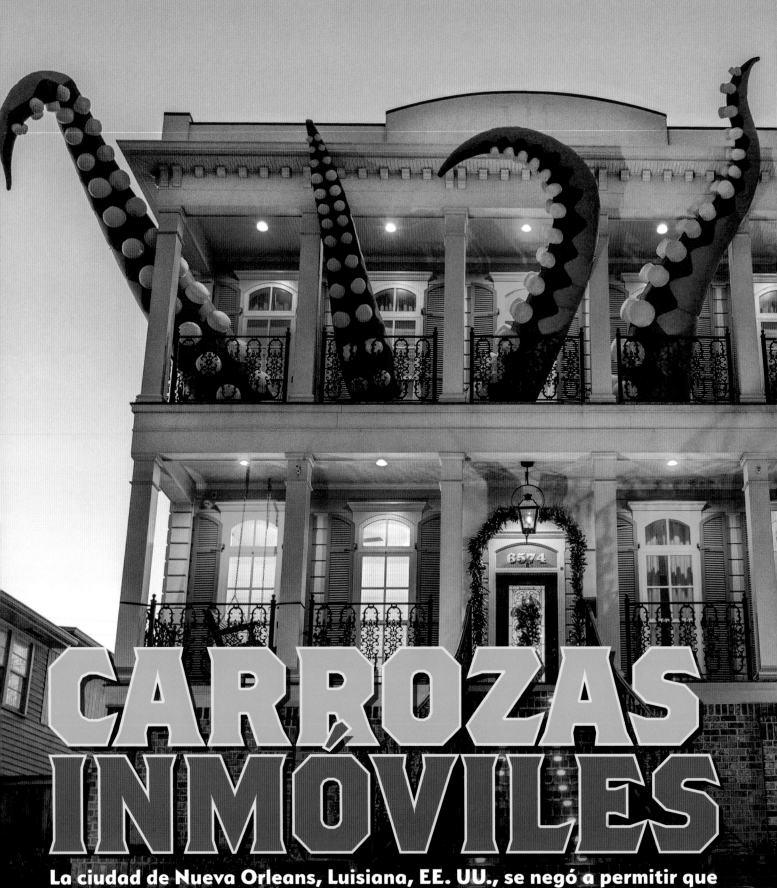

CARROZAS INMÓVILES

La ciudad de Nueva Orleans, Luisiana, EE. UU., se negó a permitir que una pandemia les arruinara el desfile, ¡en especial sus mundialmente famosas celebraciones de Mardi Gras!

En lugar de un desfile tradicional, miles de casas en el área se transformaron en "carrozas" con decoraciones estrambóticas que capturaron el espíritu del carnaval. Temas tan diversos como dinosaurios, juegos de mesa, festines de cangrejos y hasta Dolly Parton aparecieron en las calles. La gente pudo disfrutar de las "carrozas" sin prisas, a salvo de los riesgos de las multitudes. La solución creativa también ayudó económicamente a los artistas locales, que se vieron muy afectados durante la pandemia.

ESTUDIO COSTOSO

Un águila esteparia llamada Min dejó a unos científicos rusos con una deuda de cientos de dólares en tarifas de roaming después de volar a territorio iraní. Le habían puesto al ave un dispositivo para rastrear su ruta de migración desde Siberia, pero el costo se disparó cuando el águila voló desde Kazajstán hasta Irán, donde cada mensaje que envió tuvo un costo de casi un dólar.

RECUERDO DE MASCOTAS

Theresa Furrer, de Pittsburgh, Pensilvania, EE. UU., teje el pelaje de perros y gatos en sombreros y bufandas que pueden usar los afligidos dueños después de que su mascota muere. El proceso, llamado "chatgora" (para gatos) y "chiengora" (para perros), consiste en convertir el pelaje en estambre. Se le ocurrió la idea para su negocio Nine Lives Twine luego de la muerte de su propia gata, Cleo.

GATO SOLITARIO

Para proteger el equilibrio ecológico en la región, no se permite que haya gatos en el archipiélago noruego de Svalbard, por lo que el único felino en esas islas, un gato anaranjado llamado Kesha, ¡está registrado oficialmente como un zorro!

PERROS BOLICHISTAS

Blake y Adam, dos perros goldendoodle de Terri Simpson, tienen su propio boliche en Emmett, Idaho, EE. UU. Juegan empujando la bola con las patas en una rampa de boliche para niños; han llegado a 109 puntos y a veces hasta hacen chuzas y medias chuzas. Su dueña los ha estado entrenando para jugar boliche desde que tenían unas 12 semanas de edad, y después de un buen juego, a menudo chocan la pata con ella.

> **Las garzas verdes suelen usar una carnada para atrapar peces. Dejan caer ramitas, plumas, insectos y trozos de pan en el agua para atraer a los peces y comérselos.**

TRAMPA DE MUERTE

Las hembras de la luciérnaga *Photuris* imitan los patrones de destellos de otras especies de luciérnagas para atraer y matar a los machos. Al atacar a los machos de otras especies, la hembra de *Photuris* puede adquirir sus toxinas, que luego se depositan en sus huevos y actúan como una defensa química.

OSO LIBERADO

Oficiales de policía del condado de Placer, California, EE. UU., ayudaron a liberar a un enorme oso negro que estaba atrapado en un contenedor de basura. El oso, conocido localmente como "T-shirt" por la mancha blanca en su pecho que hace que parezca que lleva una camiseta, se había metido en busca de comida.

SUICIDIO DE POPÓ

El escorpión *Ananteris balzanii* de América del Sur tiene el ano al final de la cola, justo al lado del aguijón. Si un depredador le corta la cola o si elige cortársela para evitar que lo atrapen, nunca puede volver a defecar y es probable que muera por los desechos acumulados que hacen que su cuerpo se hinche.

TRASERO ARÁCNIDO

La víbora de cola de araña de Irán es una serpiente venenosa cuya cola tiene un apéndice bulboso rodeado de escamas largas colgantes que parece una araña. La serpiente mueve la punta de la cola de un lado a otro para atraer a las aves que comen arañas. El resto de la serpiente permanece inmóvil hasta que el ave está a su alcance.

¡ES UNA TRAMPA!

DISFRAZ DE MOSCA

¡La polilla *Macrocilix maia* del sureste asiático tiene marcas en las alas que parecen moscas comiendo excremento de pájaro!

La polilla desarrolló este rasgo para engañar a los depredadores, que instintivamente evitan a los insectos que están comiendo excremento de pájaro, ya que es más probable que transmitan enfermedades. No es raro que los animales usen el mimetismo para esconderse o asustar a los depredadores. Hay mantis religiosas que parecen flores, orugas que fingen ser serpientes y mariposas con manchas de ojos de búho en las alas, pero rara vez recrean escenas completas. Aunque Ud. no lo crea, ¡la polilla también

BOTÍN DE MONEDAS

En 2019, Adam Staples y Lisa Grace usaron un detector de metales y desenterraron un botín de monedas de 1000 años de antigüedad en un campo de Somerset, Inglaterra, con un valor de hasta 6.5 millones de dólares. Las 2528 monedas datan de la época de Guillermo el Conquistador y son el tesoro normando más grande que se ha encontrado desde 1833.

ANILLO PERDIDO

En 1957, cuando tenía 17 años, Roy Beddows perdió un anillo de oro mientras trabajaba en una granja en Shropshire, Inglaterra. El anillo se encontró en el campo 61 años después, y como tenía sus iniciales grabadas, se lo pudieron devolver.

BILLETOTES

Aunque no se ponen en circulación y se guardan bajo llave en una bóveda, el Banco de Inglaterra imprime regularmente una pequeña cantidad de billetes de 100 millones de libras esterlinas, conocidos como *titanes*.

CUATRO YEMAS

Diane Olver, de Merseyside, Inglaterra, abrió un huevo y vio que contenía cuatro yemas separadas; la probabilidad de que esto suceda es de uno en 11 mil millones.

LA HORA DE LA PIZZA

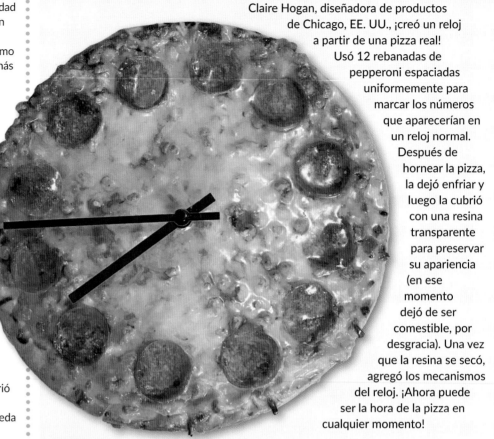

Claire Hogan, diseñadora de productos de Chicago, EE. UU., ¡creó un reloj a partir de una pizza real! Usó 12 rebanadas de pepperoni espaciadas uniformemente para marcar los números que aparecerían en un reloj normal. Después de hornear la pizza, la dejó enfriar y luego la cubrió con una resina transparente para preservar su apariencia (en ese momento dejó de ser comestible, por desgracia). Una vez que la resina se secó, agregó los mecanismos del reloj. ¡Ahora puede ser la hora de la pizza en cualquier momento!

FAN FEED

COSECHA PESADA

¡Kendra Williams, de Houston, Texas, EE. UU., cultivó accidentalmente un camote de 9 kg! Compartió esta foto con Ripley y nos contó que estaba recogiendo apenas su segunda cosecha de camotes cuando encontró a este gigante que se había quedado de la cosecha del año anterior. Le puso "Patricia" y se fue de gira con el tubérculo para mostrárselo a amigos y familiares, e incluso lo llevó a estaciones de radio y de noticias locales. Patricia terminó como puré de camote y relleno de tarta. Kendra nos dijo que "todo estuvo muy bueno y que sabía a puré de camote común y corriente".

ENCUENTADA

¡Todo en esta cocina está cubierto de cuentas!

La artista Liza Lou pasó cinco años pegando cuentas a mano en todo este cuarto de 15.6 m². Muchos de los objetos, como las cortinas, están hechos de papel maché. El resto de la habitación se construyó con madera, yeso y alambre, excepto los electrodomésticos, que la artista recicló de su propia cocina. Lou dice que la obra es un homenaje al trabajo anónimo. La pieza, titulada *Kitchen* (cocina), se encuentra actualmente en exhibición en el Museo Whitney de Arte Estadounidense en la ciudad de Nueva York, EE. UU.

¡Incluso el agua del fregadero está hecha de perlas!

SnotBot®

**Los biólogos marinos usan un dron llamado SnotBot®
para recolectar muestras del agua que sale del
espiráculo de una ballena.**

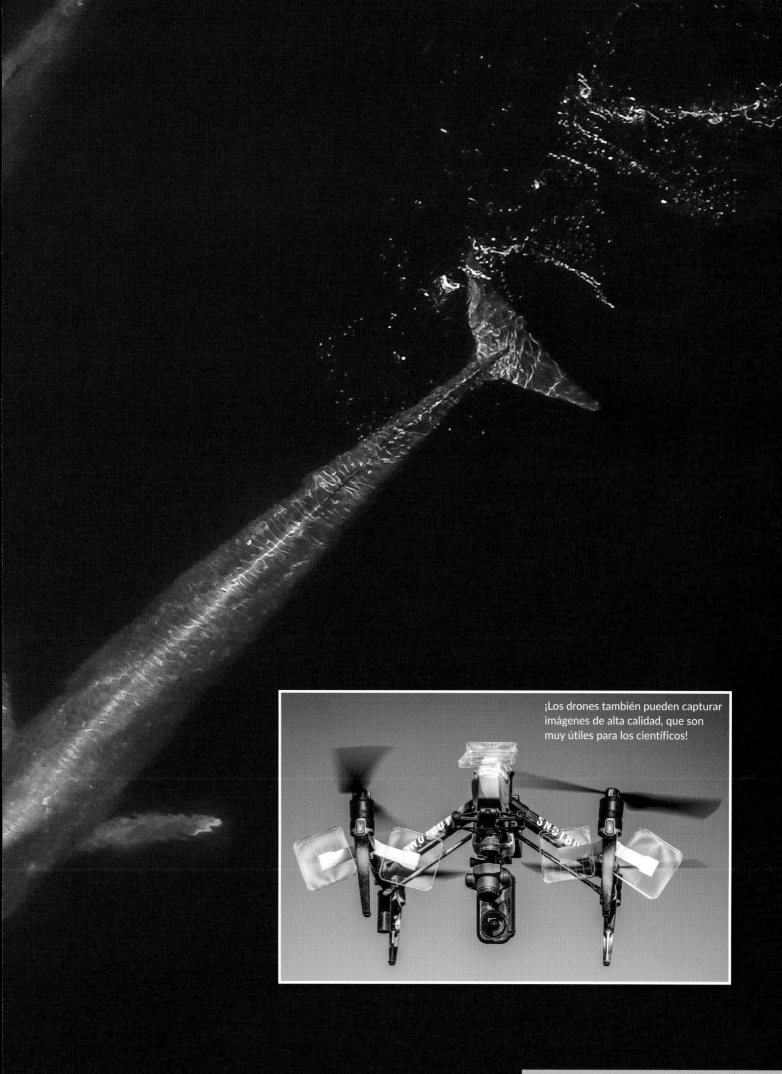

¡Los drones también pueden capturar imágenes de alta calidad, que son muy útiles para los científicos!

El "chorro" de agua de una ballena contiene una gran cantidad de información que los científicos pueden usar para determinar la salud de la criatura, sus niveles de estrés y más. El SnotBot® recopila estos datos cuando pasa volando por el condensado de agua exhalada de la ballena (el chorro) con placas de Petri. Luego, los científicos pueden llevar esas placas a un laboratorio y estudiarlas. Los drones son mucho menos intrusivos que otros medios de recopilación de datos y son más rápidos que los barcos: ¡el SnotBot® puede volar a 80 km/h! Por estas razones, los drones se han convertido en un recurso invaluable para el estudio de las criaturas marinas.

¡JUSTO EN EL BLANCO!

Antes de los drones, los biólogos marinos seguían a las ballenas en barcos, que no siempre podían alcanzar a las enormes criaturas.

Los drones no son invasivos, por lo que es menos probable que los datos que los científicos extraen se vean alterados por el estrés que una ballena podría experimentar al estar cerca de un barco.

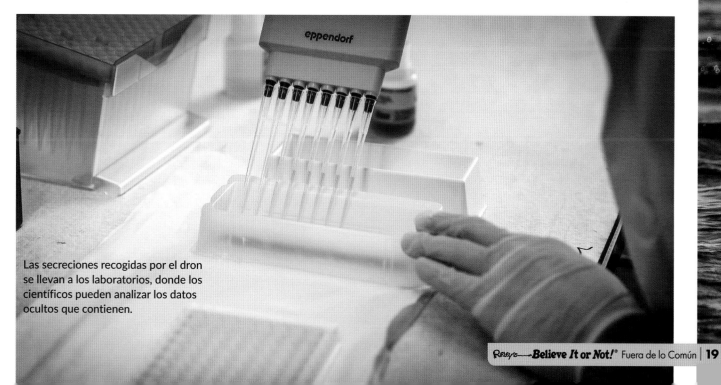

Las secreciones recogidas por el dron se llevan a los laboratorios, donde los científicos pueden analizar los datos ocultos que contienen.

RELLENO SORPRESA

Ran, un artista de la repostería de Tokio, Japón, hornea diseños intrincados que solo se revelan cuando se corta el pan.

Desde un bagel que esconde flores azules y rojas hasta un detallado Rowlet atrapado dentro de un pastelillo de Pokébola, estas dulces creaciones de Ran son... más buenas que el pan. Otras delicias culinarias incluyen reproducciones comestibles de obras de arte como *La Monna Lisa* de Leonardo da Vinci, *La joven de la perla* de Vermeer y *Los girasoles* de Vincent Van Gogh. ¡Arte apetitoso!

ARTE CON GÉRMENES

La Sociedad Estadounidense de Microbiología organiza una competencia anual en busca de la mejor obra de arte hecha con bacterias vivas, un proceso llamado "arte en agar" o arte con gérmenes. Se han presentado piezas como una réplica bacteriana de *La noche estrellada* de Vincent van Gogh.

ESCRITOR DESNUDO

El novelista francés Víctor Hugo, autor de *Los miserables*, escribía desnudo para no distraerse. Su sirviente se llevaba la ropa, lo encerraba en un cuarto y solo se la devolvía cuando había terminado de escribir ese día.

CAMBIO DE NOMBRE

El nombre original del actor estadounidense Albert Brooks, que hizo la voz del padre de Nemo en *Buscando a Nemo*, era... Albert Einstein. Se lo cambió cuando era adolescente.

EL BLOQUEO DE TWAIN

Mark Twain tardó unos ocho años en escribir *Las aventuras de Huckleberry Finn*; le resultó tan difícil que completó otros tres libros antes.

Elvis Presley Fight Scene

On this site, the corner of Hwy 51 and East Washington Avenue around 1 am, on June 24th, 1977, Elvis Presley was riding in the 2nd of two limousines which had stopped for a red light. He was coming from a concert in Des Moines and had just arrived in Madison. Elvis noticed a young teen on the ground being beaten by two other youths here at the former Skyland Service Station. Elvis jumped out of his limo and moved quickly to the fight scene. They admitted later that they knew it was the legendary Elvis Presley who was standing in front of them in his classic karate stance saying, "I'll take you on". After a few classic karate moves by Elvis, the youths recognized him, stood and shook hands and promised to stop fighting. Elvis asked "Is everything settled now"? Elvis was on his way to the Sheraton and his last Madison appearance. He died 52 days later, on August 16th, 1977.

EL REY DEL KARATE

En la intersección de la autopista 51 y la avenida East Washington en Madison, Wisconsin, EE. UU., hay una placa que conmemora un incidente en el que supuestamente Elvis Presley detuvo una pelea usando sus habilidades de artes marciales. El 24 de junio de 1977, la limusina de Elvis se detuvo en un semáforo en rojo y el artista vio que había una pelea callejera entre tres jóvenes. Presley, que era cinturón negro en karate, salió del auto e intervino. Cuando los jóvenes vieron al "Rey" parado frente a ellos en una pose amenazadora de karate, de inmediato acordaron dejar de pelear y se dieron la mano. Presley murió 52 días después.

ALMOHADAS DE MÁRMOL

El escultor noruego Håkon Anton Fagerås crea almohadas realistas de mármol blanco. Utiliza taladros y martillos neumáticos para formar los pliegues que hacen que sus creaciones se vean exactamente como las almohadas suaves y rellenas de plumas...solo que no tan cómodas.

AMENAZAS KLINGON

Después de que el personaje del actor Malcolm McDowell, Tolian Soran, causara la muerte del capitán Kirk en la película *Star Trek: generaciones* de 1994, McDowell recibió amenazas de muerte, ¡algunas de ellas escritas en klingon!

ENTRENAMIENTO DE TORTURA

Como preparación para las 8.5 horas diarias de maquillaje necesarias para transformarse en el Grinch, Jim Carrey recibió entrenamiento de un agente de la CIA especializado en enseñar a los agentes a resistir la tortura. Carrey tuvo que usar el maquillaje del Grinch durante más de 100 días de filmación.

El artista local Michael Long crea detalladas réplicas en miniatura de los "antros" de Santa Bárbara, California, EE. UU., con diminutos taburetes, grifos de cerveza y botellas de vino.

NADA DE BIGOTES

El actor David Cross tuvo que luchar contra la cadena FOX para conservar el bigote de Tobias Fünke en *Sacrificios de familia*, ya que en ese momento la ejecutiva de FOX, Gail Berman, tenía una política de "nada de bigotes" en los programas de comedia.

PRIMOS LEJANOS

Mientras filmaba la película de 2019 *Un buen día en el vecindario*, Tom Hanks descubrió que estaba emparentado con el presentador de televisión infantil Fred Rogers, a quien interpreta en la película. Son primos en sexto grado.

ORQUESTA DE MÁQUINAS DE ESCRIBIR

Los miembros de la Boston Typewriter Orchestra, fundada en 2004, utilizan máquinas de escribir antiguas para producir música.

MODELOS CON PERIÓDICOS

El artista japonés Atsushi Adachi crea modelos increíblemente detallados de acorazados y aviones de combate históricos a partir de periódicos antiguos de la misma época. También hizo una versión en miniatura del traje espacial de Neil Armstrong con recortes de periódicos antiguos.

PELO LARGO

Después de un corte de pelo desastroso cuando tenía seis años, Nilanshi Patel, de Gujarat, India, decidió no volver a cortárselo y, a los 18 años, su cabello mide 2 m de largo.

PASEO SUBACUÁTICO

El buceador sin equipo Boris Milosic, de Split, Croacia, caminó 100 m bajo el agua en el suelo de una piscina antes de tener que salir a la superficie a tomar aire.

CAPTURA COLOSAL

El 14 de febrero de 2020, Justin Hamlin atrapó un enorme pez espátula de 71 kg mientras pescaba en Keystone Lake, Oklahoma, EE. UU. Se cree que es el pez espátula más pesado que se ha capturado.

RÉPLICA DE SPITFIRE

Bill Pratt, de Hammond, Luisiana, EE. UU., pasó nueve años construyendo una réplica de la mitad del tamaño del famoso avión de combate británico de la Segunda Guerra Mundial, el Spitfire, casi en su totalidad de madera, en la cochera de su casa. La envergadura es de 7 m, más ancho que su cochera, por lo que lo construyó en diagonal antes de llevar las diversas partes del avión a un aeropuerto para ensamblarlas.

BHAJI ENORME

El chef de Bangladesh, Oli Khan, preparó un bhaji de cebolla (una especie de fritura) de 176 kg en Londres, Inglaterra. Tardó ocho horas en hacer el bhaji gigante con 500 litros de aceite, 5 kg de cilantro y 6 kg de ajo y jengibre.

ESQUÍ DE ALTURA

Chris Dens de Brainerd, Minnesota, EE. UU., llevó el deporte del esquí acuático a nuevas alturas esquiando en el lago Hartley ¡en zancos de 3.4 m de alto! Aunque ya era un esquiador acuático consumado, además de ser miembro fundador de un equipo local de esquí de exhibición, Dens tuvo que practicar para lograr esta hazaña. Comenzó con zancos de 1 m y luego pasó a zancos de 2 m, y después de 20 intentos, finalmente pudo esquiar a una altura final de 3.4 m.

50 ESTADOS

Tras completar una carrera en Des Moines, Iowa, el 20 de octubre de 2019, Aiden Jaquez, de Montgomery, Illinois, pudo decir que había corrido medios maratones en los 50 estados de Estados Unidos, a la edad de 11 años. Corrió su primer medio maratón a los seis años en Sarasota, Florida.

PASEO EN PATINETA

Los australianos Dwayne Kelly y Dan Roduner recorrieron 1036 km al atravesar Texas, EE. UU. en patinetas eléctricas. Tardaron 12 días y sobrevivieron a dos tornados en el camino.

ABUELA DEL WINDSURF

La abuela Anastasia Gerolymatou, de 81 años, originaria de Cefalonia, Grecia, recorrió 29 km en su tabla a vela a través del mar Jónico en seis horas, desde Cefalonia hasta Kyllini. Practica windsurf desde hace más de 40 años.

MEMORIA DE LIBROS

Monty Lord, de catorce años, de Bolton, Inglaterra, puede identificar 129 libros, incluidas obras de teatro de William Shakespeare, libros de James Bond de Ian Fleming y libros de Harry Potter de J. K. Rowling, con solo escuchar la primera oración.

BICICLETA ESTACIONARIA

Ben Miles, propietario de un restaurante en Mallorca, España, pedaleó una bicicleta estacionaria durante 277 horas, es decir, más de 11 días. Su velocidad promedio fue de 20 km/h, lo que significa que "recorrió" más de 5080 km, casi la misma distancia entre la ciudad de Nueva York y San Francisco.

FAN FEED

PAPITA

Nathan Cabrera de Los Ángeles, California, EE. UU., compartió con nosotros su aventura culinaria en miniatura. Después de desenterrar una papa de poco más de medio centímetro de largo en su jardín, Nathan envolvió el diminuto tubérculo en papel aluminio y lo horneó. Con un cuchillo del tamaño adecuado, le untó un poco de mantequilla y le puso crema agria y cebollín. Todo esto cabría en un plato de 2 cm de ancho y, según Nathan, ¡estaba delicioso!

Betsy-Mae dice que su parte favorita de coleccionar botellas es "desenterrar y ensuciarse".

BOTELLAS RECICLADAS

Betsy-Mae Lloyd, una niña de siete años de Wednesbury, Inglaterra, ha desenterrado cientos de botellas antiguas de tiraderos históricos y las vende en su propia tienda.

El padre de Betsy-Mae la llevó a buscar botellas por primera vez cuando la niña tenía dos años, y desde entonces le ha encantado. La pareja encuentra tiraderos comparando mapas antiguos y modernos, buscando minas que se hayan rellenado. Con este método, ¡han encontrar botellas que datan de la década de 1870! Se quedan con sus favoritas y Betsy-Mae vende el resto desde su casa de juegos de estilo victoriano, que construyó su padre. ¡Pudo comprarse una computadora portátil con sus ganancias!

Pieza de Ripley
Núm. cat. 168585

TIBURÓN DE CARTAS

Herb Williams de Nashville, Tennessee, EE, UU., creó este tiburón de 2.7 m de largo con naipes. Los patrones de escalera real forman la parte inferior de este gran tiburón blanco con cara de póquer.

Pieza de Ripley
Núm. cat. 7971

DOMINÓ DE HUESO DE RES

Los prisioneros de guerra franceses durante las guerras napoleónicas (1803–1815) tallaban a mano piezas con huesos de res y cordero para venderlas a los oficiales militares británicos y ganar algo de dinero.

Retrato del finado presentador de *Jeopardy!*,
Alex Trebek, hecho con 980 mini cubos de
Rubik por los artistas Phillip Pollack y Jennifer
Loeb, de la ciudad de Nueva York, EE. UU.

ALEX TREBEK

Believe It or Not! BIO

Jeopardy! ha sido un programa icónico en Estados Unidos, y podría decirse que no hay nadie que no haya visto al menos un episodio.

Tal vez la parte más emblemática del programa no sea el Daily Double ni el hecho de que los concursantes deben responder en forma de pregunta, sino el hombre que apareció en televisión durante 36 años, Alex Trebek. Lamentablemente, esta leyenda de las pantallas perdió su batalla contra el cáncer de páncreas el 8 de noviembre de 2020, pero aún queda mucho por aprender sobre el hombre que nos hacía preguntarnos: "¿Quién era Alex Trebek?".

Triple talento

Alex Trebek fue el primer presentador de programas de concursos que apareció en tres programas a la vez. Mientras estaba en su tercer año como presentador de _Jeopardy!_, Trebek también participó en _Classic Concentration_ de NBC, hasta que finalizó en septiembre de 1991. En febrero de 1991, asumió el puesto de presentador de _To Tell the Truth_ de NBC, lo que lo convirtió en un presentador de tres programas de concursos simultáneos hasta que esa serie terminó en mayo.

El mundo de las preguntas

La United States Trivia Association (USTA) fue fundada en 1979 por el futuro escritor de _Jeopardy!_, Steve Tamerius, como una forma de unir el mundo emergente de los juegos de preguntas. La USTA publicó una _fanzine_ llamada _Trivia Unlimited_ hasta 1983 y también inició su propio Salón de la Fama Nacional de Trivia en Lincoln, Nebraska, EE. UU. Robert L. Ripley fue la elección "abrumadora y avasalladora" para su primer miembro, según Tamerius. "Ripley probablemente contribuyó más al interés general por las trivias, extrañas e inusuales, que cualquier otra persona, pasada o presente".

Poseedor del récord

Desde la primera transmisión de _Jeopardy!_ el 10 de septiembre de 1984, ¡Trebek ha presentado más de 8100 episodios! Trebek rompió el récord mundial de Guinness del presentador de _The Price Is Right_, Bob Barker, por la "mayor cantidad de episodios de programas de concursos presentados por el mismo anfitrión".

Alex Trebek con Ken Jennings, uno de los más exitosos concursantes de *Jeopardy!* de todos los tiempos. Jennings ganó un récord de 74 juegos seguidos y obtuvo un total de 3 370 700 USD. También presentó *Jeopardy!* temporalmente, tras la muerte de Trebek.

Campeón célebre

Alex Trebek ha ganado numerosos premios en reconocimiento a su talento y conducta. Trebek fue nominado a 34 premios Daytime Emmy y ganó siete. También recibió un premio Lifetime Achievement de la Academia Nacional de Artes y Ciencias de la Televisión. Como el único programa de concursos posterior a 1960 en ser premiado, el trabajo de Trebek en *Jeopardy!* le valió un premio Peabody por "fomentar, celebrar y recompensar el conocimiento" en 2011.

PELUCAS ARTÍSTICAS

Los artistas rusos Asya Kozina y Dmitriy Kozin crearon una serie de pelucas hechas completamente de papel.

Las piezas se inspiraron en los excesos de la "estética del arte por el arte" de los movimientos barroco y rococó de la Europa de los siglos XVII y XVIII. El dúo le dio su toque personal a las pelucas no solo al hacerlas de papel, sino al incluir elementos modernos como aviones, ruedas de la fortuna y rascacielos. Tardaron aproximadamente una semana en crear cada peluca, algunas de las cuales se presentaron en un desfile de Dolce & Gabbana.

EL PELO EN LA CULTURA POPULAR

Largo o corto, rizado o lacio, el cabello ha ocupado un lugar prominente en el arte y en los medios durante cientos de años. ¡Estos son algunos de los hechos más extraños de la cultura popular relacionados con el cabello a lo largo de los siglos!

NO QUEREMOS HIPPIES
¡Los hombres con cabello largo no podían entrar a Disneylandia hasta finales de la década de 1960!

CUENTO INMEMORIAL
La Bella y la Bestia se inspiró en la historia de Pedro González, un noble del siglo XVI con hipertricosis, que provoca el crecimiento de vello abundante en todo el cuerpo.

PEINADO FELIZ
¡El pintor Bob Ross se hacía permanente para ahorrar dinero en cortes de pelo! Conservó el afro después de tener éxito porque era ya parte de su imagen.

TALENTOS MÚLTIPLES
El actor casi calvo Danny DeVito aprendió peluquería antes de ingresar al mundo del espectáculo.

JOVEN BATERISTA
A los 10 años, Nandi Bushell, de Ipswich, Inglaterra, es una baterista tan talentosa que Dave Grohl escribió una canción sobre ella, y sus videos donde toca la batería tienen casi 30 millones de visualizaciones, con cientos de miles de seguidores en las redes sociales.

ESCULTURAS DE GRANITO
El escultor japonés Mitsuaki Tanabe pasó 10 años viajando entre Japón y Australia, esculpiendo imágenes de insectos y lagartos en grandes rocas de granito. También talló una escultura de arroz silvestre de 82 m de largo en una roca de una llanura aluvial en el Territorio del Norte de Australia para ayudar a promover el grano.

ANIMADOR EN CIERNES
Jack Nicholson pudo haber terminado dibujando al oso Yogi o a Scooby-Doo para ganarse la vida. Una vez le ofrecieron un trabajo como animador de Hanna-Barbera, pero lo rechazó.

ALFOMBRA DE TERROR
La alfombra en la casa del chico malo Sid en *Toy Story* fue diseñada deliberadamente con el mismo patrón hexagonal que la alfombra en la película de terror de 1980 *El Resplandor*.

Cuando Katy Perry compartió camerino con Miley Cyrus y Taylor Swift en los Grammys, les pidió a ambas un mechón de cabello, que llevó en su bolso durante años.

PIROPLANTAS

El agua, la luz del sol y el suelo cubren las necesidades básicas de cualquier planta, pero curiosamente, ¡algunas necesitan fuego para prosperar! Mientras tanto, otras se han adaptado para resistir el daño del fuego. Estos son algunos ejemplos de cómo la naturaleza puede resurgir de sus cenizas.

1 Banksia

Banksia es un género de alrededor de 170 especies de arbustos y árboles nativos de Australia. ¡Los conos de algunas especies no se abren ni esparcen semillas a menos que se hayan abierto por el calor de un incendio forestal!

2 Imperata cylindrica

La *Imperata cylindrica* tiene un sistema subterráneo de tallos resistentes al fuego que le permite recuperarse de un incendio con facilidad. La parte visible de esta hierba es muy inflamable y arde con más calor que la mayoría de las plantas, por lo que cualquier flora circundante también se incendiará, lo que elimina la competencia por los recursos.

4 Pinos piñoneros

Los pinos piñoneros y otros árboles se han adaptado a los incendios "autopodando" las ramas bajas; solo dejan crecer copas muy por encima del alcance del fuego.

3 Aloes sudafricanos

Algunos aloes de Sudáfrica mantienen una capa de hojas muertas alrededor de sus tallos, lo que ayuda a aislar la parte viva de la planta y la protege del calor de un incendio.

5 Secuoyas gigantes

Las secuoyas gigantes tienen una corteza gruesa que retarda el fuego. Las enormes cicatrices de quemaduras en las secuoyas vivas son testimonio de su resistencia. El fuego limpia el suelo del bosque de hojas muertas y permite que las semillas de los conos de secuoya caigan al suelo despejado, lo que les permite echar raíces.

FLOR FÉTIDA

¡La *Hydnora africana* es una planta parásita con una flor que huele a carne podrida!

La mayoría de las plantas usan clorofila para absorber los nutrientes con la luz del sol, y es este pigmento el que les da su color verde. Pero la *Hydnora africana* no es como la mayoría de las plantas. ¡La mayor parte crece bajo tierra y absorbe los nutrientes de las raíces de otras plantas, como un vampiro! Cuando la *Hydnora africana* está lista para reproducirse, sale a la superficie con una flor de aspecto extraño que huele a carne podrida para atraer moscas y escarabajos que ayudan a esparcir su polen.

¿FLOR O ESPECIE ALIEN?

GINKGO GIGANTE

Cada otoño, este árbol de ginkgo de 1400 años cubre los terrenos del templo Gu Guanyin en la provincia china de Shaanxi con miles de hojas amarillas. La pintoresca transformación atrae a turistas y lugareños por igual. Aunque Ud. no lo crea, los árboles de ginkgo se consideran fósiles vivientes, ya que se han mantenido sin cambios durante los últimos 200 millones de años.

VELOCIDAD SOBRE ZANCOS

¡Ben Jacoby de Boulder, Colorado, EE. UU., corrió 100 metros en solo 13.45 segundos usando zancos con resortes!

La hazaña se registró el 5 de octubre de 2018 en la pista de atletismo de la Escuela Secundaria de Manhattan en Boulder. Los zancos lo hacen más de 30 cm más alto y requieren que esté en constante movimiento; de lo contrario, perdería el equilibrio y se caería. Ben dice que le encanta andar en zancos porque la gente se acerca más a él, a pesar de que está físicamente más lejos.

PATINADORA EN STILETTO
Con un par de *stilettos* de 12.5 cm de alto sujetos a patines en línea, la artista de circo Bianca Rossini, de Montreal, Canadá, patinó una distancia de 100 m hacia atrás en 21.5 segundos.

TORRE DE CARTAS
Vishnu Vasu, de 16 años, de Kerala, India, construyó con pulso firme una maqueta de 3.2 m de altura del Burj Khalifa de Dubái, el edificio más alto del mundo, utilizando 5450 naipes. Tardó unas 5 horas y media en completar su estructura con 33 niveles de cartas, que no está unida con pegamento

PELOTA DE CINTA
Los estudiantes de la escuela primaria Eastside en Lake City, Florida, EE. UU., crearon una bola gigante de cinta que medía 5.5 m de circunferencia. Usaron más de 4000 rollos de cinta adhesiva para hacer la pelota de 1030 kg.

LÍNEA DE HOT CAKES
El día anterior a la Cuaresma de 2020, un grupo de chefs preparó 1135 hot cakes en el Tottenham Hotspur Stadium en Londres, Inglaterra, que se colocaron en una fila de 131 m. En este día se suelen preparar hot cakes para acabarse los huevos, la leche y la

FIGURAS CON GLOBOS
Ryan Tracey, de Omagh, Irlanda del Norte, puede hacer más de 830 figuras con globos en una hora, como perros, espadas y flores. ¡Más de una cada cinco segundos! También puede hacer cinco figuras con globos en poco más de 44 segundos con los ojos vendados.

PUTT LARGO
El 22 de febrero de 2020, Mary Ann Wakefield, de 84 años, embocó un putt de golf de 29 m a lo largo de la cancha del estadio de baloncesto de la Universidad de Mississippi en Oxford, EE. UU., para ganar

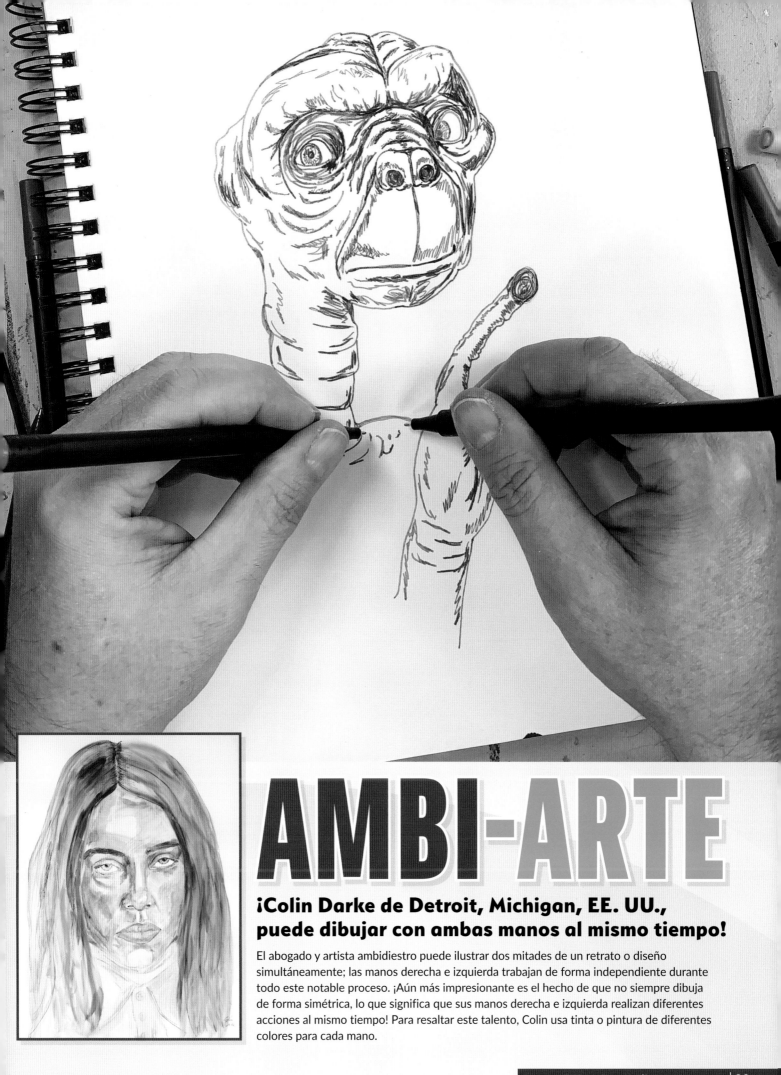

AMBI-ARTE

¡Colin Darke de Detroit, Michigan, EE. UU., puede dibujar con ambas manos al mismo tiempo!

El abogado y artista ambidiestro puede ilustrar dos mitades de un retrato o diseño simultáneamente; las manos derecha e izquierda trabajan de forma independiente durante todo este notable proceso. ¡Aún más impresionante es el hecho de que no siempre dibuja de forma simétrica, lo que significa que sus manos derecha e izquierda realizan diferentes acciones al mismo tiempo! Para resaltar este talento, Colin usa tinta o pintura de diferentes colores para cada mano.

Para ayudar a capacitar a los policías e investigadores de escenas de crímenes, la rica heredera y pionera forense Frances Glessner Lee creó los Nutshell Studies of Unexplained Death.

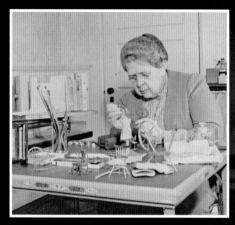

Las réplicas a escala 1:12 de escenas de crímenes se construyeron en las décadas de 1940 y 1950. Reproducen casos reales hasta el más mínimo detalle: luces y cerraduras que funcionan, y vasos, agujeros de bala, comida... y cadáveres, todo colocado a la perfección. Para garantizar la autenticidad, Lee asistió incluso a autopsias para reproducir fielmente las telas que usaban las víctimas. Cada diorama costó miles de dólares y tardó varios meses en crearse. Hizo 20 en total.

A los estudiantes de criminalística se les daban 90 minutos para estudiar con cuidado los detalles de la escena del crimen. Lo único que podían usar era una pequeña linterna, una lupa y sus habilidades deductivas para resolver el misterio. Los dioramas de Lee han sido tan útiles para enseñar a los estudiantes a prestar atención a los detalles, que todavía se usan hoy, a casi 60 años de su muerte. Por su trabajo, a Lee se le conoce como la madre de las ciencias forenses.

ANTORCHA DE LA LIBERTAD

Para evitar que se rompa por las fuertes ráfagas de viento, la antorcha de la Estatua de la Libertad en Estados Unidos puede oscilar hasta 15 cm con vientos de 80 km/h o más.

LUGAR DE ESTACIONAMIENTO

Un muy codiciado espacio de estacionamiento en el centro de Hong Kong se vendió en 969,000 USD en 2019, más de tres veces el costo promedio de una casa en la región.

SIN COSTAS Y SIN COSTAS

Los únicos dos países del mundo sin litoral que están rodeados por completo por otros países que tampoco tienen litoral son Liechtenstein en Europa Central y Uzbekistán en Asia Central.

LUGARES AFRICANOS

Kanye North y Kanye South son distritos parlamentarios en Botswana, África (¡pero no hay Kanye West!).

LUGAR CON NIEBLA

Argentia, en la costa oeste de Terranova, Canadá, tiene un promedio de 206 días de niebla al año.

TABLA PERIÓDICA

Toda la pared exterior de un edificio de ciencias en la Universidad Edith Cowan en Perth, Australia, está decorada con una versión gigante de la tabla periódica de los elementos. Cubre un área de 662 m².

BUCHETTA del VINO
WINE WINDOW

VENTANILLAS DE VINO

Cuando la ciudad de Florencia, Italia, fue asolada por un brote de peste bubónica en la década de 1630, los vendedores instalaron *buchette del vino* (aberturas para vino) para mantenerse a distancia de los clientes. Estos agujeros habían dejado de usarse, pero con la COVID-19 los comerciantes modernos volvieron a abrir sus ventanillas de vino. Esta vez, los clientes cautelosos pudieron disfrutar de una mayor variedad de productos, ¡como helados!

TIREN AL TORO

En el deporte venezolano del coleo, unos vaqueros a caballo llamados *llaneros* persiguen a toros jóvenes a gran velocidad por un camino angosto y tratan de tirarlos en el menor tiempo posible jalándoles la cola. El deporte es más peligroso para los humanos que para los animales porque los jinetes casi no llevan protección corporal.

QUESOS MÓVILES

En el restaurante Pick & Cheese en Londres, Inglaterra, los clientes eligen entre 25 variedades de quesos que pasan junto a ellos en una cinta transportadora de 40 m de largo.

SE ACEPTAN OVNIS

El pueblo de St. Paul, Alberta, Canadá, tiene una plataforma oficial de aterrizaje de ovnis para recibir a visitantes de otros planetas. La estructura de concreto se construyó en 1967 como parte de las celebraciones del centenario de ese país, y tiene una cápsula del tiempo que se abrirá en 2067.

PILA DE HAMBURGUESAS

El George Pub and Grill en County Durham, Inglaterra, ofrece en su menú el Big Ben Number 10, una pila de 10 hamburguesas. El plato contiene unas 12 000 calorías, más de cinco veces la ingesta diaria recomendada, y el propietario, Craig Harker, promete contribuir con 500 libras esterlinas para el costo de una lápida si alguien muere mientras intenta el desafío.

ARTILLERÍA HUNDIDA

Los buzos pueden visitar un museo militar submarino frente a las costas de Aqaba, Jordania. Diecinueve piezas de maquinaria militar fuera de servicio, incluidos tanques, un transporte de tropas, una ambulancia y un helicóptero, se hundieron hasta 28 m de profundidad y se colocaron a lo largo de arrecifes de coral en formación de batalla. El equipo también sirve como arrecife artificial para peces y otras criaturas marinas.

ESTANCIA SUBTERRÁNEA

El Intercontinental Shanghai Wonderland de China ofrece estancias subterráneas de lujo con un hotel de 336 habitaciones en 18 pisos bajo la superficie de la tierra.

Un edificio discreto de dos pisos con techo de paja recibe a los huéspedes que llegan en coche. No hay mucho que ver en la superficie, porque el 90 por ciento de este hotel de lujo se encuentra bajo tierra. Construido en una cantera abandonada, el Wonderland desciende 88.4 m y termina en un lago en el fondo. Las suites subterráneas con vista al agua son las más costosas. El edificio, que tardó más de 12 años en completarse, requirió de 41 nuevos métodos de ingeniería para su construcción.

INSTRUMENTOS HÍBRIDOS

El artista Ken Butler de Brooklyn, Nueva York, EE. UU., puede convertir casi cualquier cosa en un instrumento musical.

Ha hecho más de 400 creaciones híbridas, que incluyen objetos como tableros de ajedrez, palos de hockey, perchas, estuches de instrumentos, zapatos, trineos, relojes, raquetas de tenis y palas, entre muchos otros. Casi todas las creaciones de Butler son esculturas y no están diseñadas para tocarse como instrumentos reales. Sin embargo, tiene alrededor de una docena que considera "extremadamente tocables", que usa en presentaciones en vivo, incluido el primer híbrido que creó en 1978: el Violín hacha.

Guitarra de extractora de tarjetas

Violonchelo de estuche abierto de violín

Violín de reloj

REALCE REAL
La princesa Margarita, hermana de la reina Isabel II, hizo que subieran el piso de su Rolls-Royce para que la gente la pudiera ver cuando viajaba con su chofer por el Reino Unido.

SECRETO EXPLOSIVO
El TNT, o trinitrotolueno, fue inventado en 1863 por el químico alemán Joseph (Julius) Wilbrand como un colorante amarillo, y solo se descubrieron sus propiedades explosivas décadas después.

HUEVOS REVUELTOS
El 24 de septiembre de 2019, se cayeron más de 136 000 huevos de un tráiler en la ruta 125 cerca de Hegins, Pensilvania, EE. UU. El camino estuvo cerrado varias horas mientras los policías limpiaban el revoltijo.

GEMELOS IDÉNTICOS
Dos enfermeras que son gemelas idénticas, Tori Howard y Tara Drinkard, atendieron el nacimiento de las gemelas idénticas Addison y Emma Williams en el Centro Médico Regional Piedmont Athens en Athens, Georgia, EE. UU., el 25 de septiembre de 2019.

NARANJA FLOTANTE
Una naranja con cáscara flota en el agua, pero una pelada se hunde. Esto se debe a que la cáscara es esponjosa y contiene pequeñas bolsas de aire, por lo que la densidad de la naranja entera es menor que la densidad del agua y, por tanto, flota.

INUNDACIÓN SANGRIENTA
Después de un problema con el drenaje de un cuarto refrigerado para carne, el sótano de la casa vecina, de Nick Lestina en Bagley, Iowa, EE. UU., se inundó con 12.5 cm de sangre y grasa animal malolientes.

UN PEQUEÑO PASO
Lo más profundo que alguien ha llegado debajo de la superficie del mar es 10 916 m, que solo es el 0.0017 por ciento de la distancia necesaria para completar un viaje al centro de la Tierra.

PLANCHADO PERMANENTE
El futbolista danés Michael Stensgaard firmó un contrato como portero del equipo inglés Liverpool por 400 000 libras esterlinas en 1994, pero poco después se dislocó el hombro mientras ponía un tabla de planchar en su casa y nunca jugó un partido con el club.

A GARRAS LLENAS

Una ágil y majestuosa águila pescadora sorprendió a unos fotógrafos escoceses al atrapar al mismo tiempo a dos peces, uno en cada garra.

El controlador de tráfico aéreo retirado Chas Moonie de Ayr, Escocia, capturó el extraordinario momento en varias fotografías que inmortalizan al ave rapaz sacando dos truchas de las aguas de una pequeña pesquería cerca de Aviemore, en las Tierras Altas de Escocia. El fotógrafo admitió que es muy difícil capturar a un águila pescadora con una trucha, y mucho menos con dos, por lo que fue cuestión de "estar en el lugar correcto en el momento preciso".

RESCATE DE PERROS

Sasha Pesic ha rescatado a más de 1100 perros abandonados en la ciudad de Nis, Serbia, durante los últimos 10 años, y todavía cuida a 750 de ellos.

COLA DE ANCLA

A diferencia de la mayoría de los peces que usan sus colas para nadar, los livianos caballitos de mar envuelven sus largas colas prensiles alrededor de corales, pastos marinos y otros objetos para evitar que las corrientes fuertes los arrastren.

HERIDAS DE PICO

Además de comer moscas y garrapatas de jirafas, hipopótamos y otros animales africanos, los picabueyes también comen sangre de heridas abiertas. El ave picotea constantemente la herida de un animal para mantenerla abierta y asegurarse de que fluya más sangre para alimentarse.

AMIGOS PÁJAROS

Al igual que los humanos, los flamencos forjan amistades que pueden durar décadas. Se paran cerca de las aves que les gustan y evitan a aquellas con las que no se llevan bien. Las parejas de flamencos que han creado este vínculo construyen nidos uno al lado del otro y crían a sus polluelos juntos, año tras año.

MEDICINA DE MILPIÉS

Los lémures de frente roja aplastan a los milpiés y luego frotan el "jugo corporal" sobre su pelaje para evitar infecciones. Después de usar a los insectos con fines medicinales, los lémures se los comen.

COMPAÑERA FIEL

Evelyn Sides, de cuatro años, sobrevivió durante dos días y dos noches después de perderse en los bosques del condado de Lee, Alabama, EE. UU., porque su perra Lucy permaneció a su lado todo el tiempo. Cuando finalmente se acercó un equipo de búsqueda, Lucy ladró para alertar a los rescatistas.

PASEO JUNTO AL MAR

El 11 de febrero de 2020, durante un paseo por el campo con su dueña, Michelle Ballard, cerca de Colchester, Essex, Inglaterra, Frank, un perro salchicha de cuatro años, se escapó, abordó un autobús de la ruta 61 y viajó él solo 29 km hasta la playa, en Clacton-on-Sea.

> **La lengua de la polilla esfinge puede crecer hasta 35 cm de largo, más del doble de la longitud de su cuerpo.**

HORA DE JUGAR

En abril de 2020, durante el confinamiento por COVID-19, unas ovejas entraron al área de juegos para niños desierta en Raglan Farm Park en Monmouthshire, Gales, y empezaron a dar vueltas en el carrusel.

EPIDEMIA DE GATOS

En 2019, se reportaron hasta 200 gatos salvajes vagando por las calles de Garfield, Nueva Jersey, EE. UU.

GATITOS BIEN CUIDADOS

En noviembre de 2019, se descubrió un perro callejero al costado de una carretera en Chatham-Kent, Ontario, Canadá, que mantenía calientes a cinco gatitos abandonados.

CHUPASANGRE

El metro de Londres, Inglaterra, tiene su propia subespecie de mosquito, que tiene una mayor sed de sangre humana que sus parientes de la superficie.

CONDOMINIO DE ALGAS

Cuando se trata de belleza invertebrada, no hay mucho que se compare con el *Calliostoma annulatum*, un caracol anillado que vive en el nivel medio de un complejo de algas de gran altura, donde cada especie de caracol tiene su espacio designado. Estos caracoles viven intercalados entre otros caracoles arriba y abajo de ellos. Nunca se aventuran lejos de su "nivel". ¿Qué pasa si un *Calliostoma annulatum* se cae o lo mueven? Trepa de nuevo con mucho trabajo a su lugar entre las algas marinas.

COLGADO DE LA CANASTA

Para Amadeus López, encestar no es suficiente. Por lo general, se puede ver al acróbata aéreo de la ciudad de Nueva York girando con gracia colgado de correas, un arte circense que requiere una gran cantidad de fuerza, destreza y confianza. Pero fue uno de sus trucos más inusuales el que nos llamó la atención. En él, cuelga suspendido por la boca de un aro de baloncesto y hace girar dos balones en el dedo índice de cada mano. Al mismo tiempo, encesta con un tercer balón "lanzado" desde su pie. ¡Cuidado, Harlem Globetrotters!

CAJA PESCADA

Mientras pescaba con imanes en el lago Whitney en Carolina del Sur, EE. UU., Knox Brewer, de seis años, "pescó" una caja fuerte de metal que se habían robado de la casa de un vecino ocho años antes.

CADENA DE TAPAS

Estudiantes de la British International School de Jeddah en Arabia Saudita colocaron 323 103 tapas de botellas de plástico en una cadena que medía poco más de 2738 m de largo.

DIBUJOS DE COMIDAS

Desde hace más de 30 años, el excocinero Itsuo Kobayashi, de Saitama, Japón, ha dibujado una ilustración detallada de cada comida que come, junto con una descripción, el precio y dónde se compró.

MURALES DE ABEJAS

El muralista neoyorquino Matthew Willey está tan fascinado con las abejas, que desde 2015 ha pintado 5436 abejas en 27 murales en Estados Unidos, en sitios como una escuela primaria de Carolina del Norte, la Casa de los Grandes Simios del Zoológico Nacional del Instituto Smithsoniano en Washington, D. C., y en el techo de una granja orgánica en Lyons, Nebraska. Su objetivo es pintar 50 000 abejas, el número necesario para una colmena próspera.

ODISEA DE AERÓDROMOS

En un avión ligero biplaza Monsun, Angus y Fiona Macaskill, de Bristol, Inglaterra, aterrizaron y despegaron de 71 aeródromos diferentes del Reino Unido en 12 horas y cubrieron casi 1110 km.

JOVEN PRODIGIO

El 5 de junio de 2020, William Kelly, de cinco años, hizo un hoyo en uno en el hoyo 13 de 70 yardas en el The Bridges at Springtree Golf Club en Sunrise, Florida, EE. UU.

LOCACIONES RECREADAS

Durante más de seis años, Robin Lachhein y Judith Schneider, de Hofheim, Alemania, han viajado por el mundo para recrear más de 70 escenas de películas famosas en los lugares donde se filmaron. Con ropa y poses similares a las de los actores originales, la pareja ha honrado clásicos como *Thelma y Louise* en Utah, EE. UU., *El diablo viste a la moda* en Nueva York, EE.UU., *La increíble vida de Walter Mitty* en Islandia, *Charada* en París y *El Señor de los Anillos* en Nueva Zelanda.

CON LOS PELOS DE DE PUNTA

Un puñado de acróbatas aéreos, incluida Erin Blaire de la ciudad de Nueva York, EE. UU., están resucitando el viejo acto circense de colgarse de los cabellos, y sí, es tan doloroso como suena.

Este acto, que literalmente pone los pelos de punta, se originó en China, entre hombres y mujeres por igual. Un póster de circo de principios del siglo XX muestra a un grupo de chinos que se balancean colgados del cabello, con las piernas cruzadas y bebiendo té. Erin aún no ha bebido té en el aire, pero sus actuaciones continúan cautivando al público. Los secretos para colgarse del cabello con éxito permanecen celosamente guardados, pero sí podemos decir que el peinado lo es todo. Cada artista trenza su cabellera de manera diferente, sin revelar nunca su fórmula. Se dice que algunos pasan más de dos horas arreglándose el pelo antes de cada actuación.

LA CIUDAD ANTIGUA

El museo al aire libre más grande del mundo, Muang Boran, cubre 81 hectáreas y exhibe 116 ejemplos de arquitectura, edificios icónicos y monumentos.

También conocido como la antigua Siam o la ciudad antigua, Muang Boran se encuentra a una hora del centro de Bangkok. Con recreaciones de la vida antigua en Siam, los terrenos del museo se diseñaron para reflejar la forma de la Tailandia moderna. Desde estupas doradas hasta grandes pabellones, los visitantes encontrarán tanto réplicas de tamaño natural como modelos a escala reducida de la arquitectura tailandesa. Entre estos elaborados templos y estructuras hay estanques, canales y lagos. Algunas de las construcciones más impresionantes son el Templo Sumeru, situado en una isla rodeada por un pez gigante, y el Pabellón de los Iluminados, con techo verde y dorado, una representación simbólica del momento en que 500 monjes alcanzaron el Nirvana.

Los visitantes pueden comprar comida y recuerdos en un mercado flotante tradicional.

OJOS PELUDOS

Frankie, el perro, tiene a los veterinarios desconcertados por los gruesos mechones de pelo, ¡que le crecen de los globos oculares!

Nacido en una granja en el Reino Unido, cruza de Jack Russell y papillón, fue el único cachorro en su camada con globos oculares peludos. Mientras hacía una entrega en la granja, Tracey Smith de Tunbridge Wells, Kent, rescató a Frankie de una eutanasia inminente y lo llevó al veterinario para obtener respuestas. Los veterinarios no supieron qué tenía y aventuraron la hipótesis de dos quistes detrás de sus ojos que hacen que el pelo crezca a través de los globos oculares. A pesar de todo, Frankie está muy bien de salud y puede ver parcialmente. Por fortuna, este perro único en su tipo no experimenta dolor por la afección y ni siquiera necesita que le recorten los mechones oculares.

TORITO

Humphrey, un toro de cinco años propiedad de la familia Gardner de Kalona, Iowa, EE. UU., mide solo 66.5 cm de altura. Cuando la familia Gardner compró el toro cebú miniatura en 2017, era tan pequeño que pensaron que era un ternero, solo para descubrir que Humphry tenía dos años y, por lo tanto, estaba completamente desarrollado.

CARNE HUMANA

Dos gatos salvajes irrumpieron en un centro de investigación en Whitewater, Colorado, EE. UU., y se comieron la carne de los hombros y brazos de cadáveres humanos. La Estación de Investigación Forense de la Universidad de Colorado Mesa había dejado más de 40 cadáveres al aire libre para documentar la descomposición de la carne humana, pero los gatos penetraron la cerca de 3 m de alto con alambre de púas, que también se extiende 0.6 m bajo tierra, y se dieron un festín con dos de los cadáveres, hasta los huesos. Un gato volvió a comer del mismo cadáver durante 35 noches seguidas.

CARNE NEGRA

La gallina Ayam Cemani no solo tiene plumas negras y pico negro, sino también huesos negros, órganos negros e incluso carne negra. Los lugareños en su Indonesia nativa dicen que su carne posee poderes místicos.

PLAGA DE GRILLOS

Para combatir las plagas de grillos mormones que aparecen dos veces al año, los residentes de Tuscarora, Nevada, EE, UU., tocaron música rock a todo volumen de Led Zeppelin y los Rolling Stones. Los insectos de 7.5 cm marchan en columnas de hasta 3.2 km de largo y 1.6 km de ancho, destruyendo cultivos e invadiendo casas.

DIENTE DE MAMUT

En 2019, Jackson Hepner, de doce años, encontró un diente fosilizado de un mamut lanudo mientras jugaba en un arroyo de Millersburg, Ohio, EE. UU. El diente mide unos 17.5 cm de largo, pesa 2.7 kg y data de hace 10 000 años.

SOBREVIVIENTE DE UN HURACÁN

Un perro recibió el nombre de Miracle (Milagro) cuando fue rescatado con vida después de pasar casi un mes atrapado entre los escombros de un edificio en Marsh Harbour, Bahamas, después del huracán Dorian. Sobrevivió bebiendo agua de lluvia.

TRES ASTAS

El 10 de noviembre de 2019, en la Península Superior de Michigan, EE. UU., el fotógrafo Steve Lindberg tomó una foto única de un ciervo de tres astas. Además de una impresionante cornamenta de cinco puntas, el gran ciervo tenía dos astas más pequeñas que le salían del cráneo, una al lado de la otra.

CALOR DE HOGAR

Para proteger su colmena del ataque de avispones gigantes asiáticos (también conocidos como "avispones asesinos"), ¡las abejas japonesas asfixian y cocinan vivos a los invasores! Aunque los avispones las superan en tamaño, las abejas tienen los números a su favor. ¡Cientos de obreras se aglomeran alrededor del intruso y hacen vibrar sus alas para elevar la temperatura dentro de la "bola de abejas" hasta a 46 °C durante una hora! ¡Este acalorado acto de defensa acorta la vida de las obreras, pero también protege al resto de la colmena!

PAJAROTE

El escultor Farvardin Daliri, de Townsville, Australia, construyó una cucaburra eléctrica de 8.5 m de largo y 4.6 m de alto. Esta enorme ave tiene una estructura de acero cubierta de cañas de bambú pintadas (para replicar las plumas) y un pico de fibra de vidrio. Daliri instaló una batería de coche vieja y un motor para hacer funcionar el pico, y dentro del cuerpo puso una grabación amplificada de los sonidos de una cucaburra real. La escultura está soldada en un remolque y viaja por Queensland, donde atrae la atención de niños y adultos por igual, además de cucaburras reales, a pesar de que es casi 20 veces más grande que ellas.

¿NO HACER DAÑO?

Pieza de Ripley
Núm. cat. 10039, 10040

MUÑECAS DE MORTERO

Una pionera ahorrativa de mediados del siglo XIX usó originalmente estos morteros para moler medicamentos y luego los pintó como muñecas para que jugaran sus hijos.

Pieza de Ripley
Núm. cat. 174246

KIT DE SIERRA MÉDICA

Sierra oscilante de principios de 1900 que podría haberse utilizado para una variedad de propósitos médicos, incluido el aserrado a través de yeso o yeso

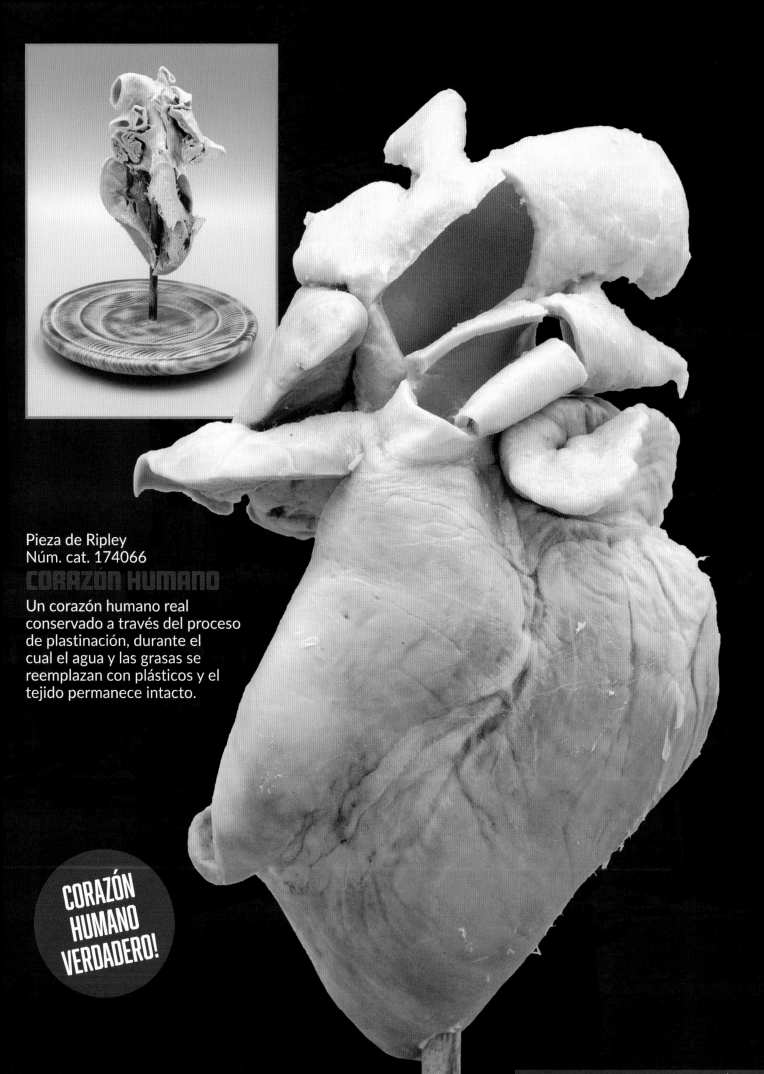

Pieza de Ripley
Núm. cat. 174066

CORAZÓN HUMANO

Un corazón humano real
conservado a través del proceso
de plastinación, durante el
cual el agua y las grasas se
reemplazan con plásticos y el
tejido permanece intacto.

CORAZÓN HUMANO VERDADERO!

SÁNDWICH DE CLAVOS

En Surat, India, nueve hombres se tumbaron apilados uno encima del otro en una torre humana con una cama de largos y afilados clavos de metal entre cada persona. El hombre de abajo en el sándwich de cama de clavos, que tuvo que soportar el peso de los otros ocho, fue el artista marcial Vispy Kharadi.

196 MARATONES

El atleta de resistencia británico Nick Butter corrió 196 maratones, uno en cada país del mundo, en 22 meses. Recorrió más de 8.208 km (5.130 mi) y dio un total de 5,1 millones de pasos. Comenzó en Toronto, Canadá, en enero de 2018 y luego compitió en carreras en lugares tan diversos como el Sahara y la Antártida. Durante sus aventuras, se rompió el codo y recibió un disparo, lo atropelló un automóvil y lo mordió un perro.

RÉPLICA DE BATMÓVIL

Brian Hendler, de Chicago, Illinois, pasó cuatro años construyendo una réplica de tamaño natural del Batimóvil. El vehículo de 22 pies de largo (6,7 m) tiene un motor a reacción Boeing en la parte trasera y puede levantarse y girar 360 grados.

TRAJE EXOESQUELETO

Caminando con la ayuda de un traje de exoesqueleto robótico, Adam Gorlitsky, que ha estado paralizado de la cintura para abajo desde un accidente automovilístico en 2005, completó el maratón de Charleston de su ciudad natal en Carolina del Sur en 33 horas, 50 minutos y 24 segundos. Comenzó la noche del jueves 9 de enero de 2020 y cruzó la línea de meta la mañana del sábado 11 de enero sin tomar descansos para dormir.

ORO RETRASADO

Treinta y ocho años después de ganar una medalla de plata en natación cuando tenía 12 años en los Juegos del Sudeste Asiático, Christina Tham de Singapur fue mejor al ganar oro en los juegos de 2019 en hockey subacuático.

PELO ENORME

Joe Grisamore, de Park Rapids, Minnesota, se ha dejado crecer el pelo con un estilo mohicano desde 2013 y, seis años después, tenía una increíble altura de 42 pulgadas (1,05 m).

SUPER SCHNITZEL

En el Schnitzel Fest de 2019 en Mengkofen, Alemania, los cocineros prepararon un escalope de 2663 lb (1209 kg) que cubría un área de 753,5 pies cuadrados (70 m2), casi la mitad del tamaño de una cancha de voleibol. Con la carne de 400 chuletas, 4000 huevos y 551 lb (250 kg) de pan rallado y frita en 3700 gal (14 000 l) de aceite, el monstruo escalope sirvió a casi 5000 personas.

RESTAURANTE FAVORITO

Mark Mendenhall, de San Diego, California, comió en la sucursal de Carmel Mountain de Chick-fil-A durante 114 días seguidos (excepto domingos, cuando está cerrado).

TIEMPO CANSADOR

Roy West, de Hampshire, Inglaterra, tiene una colección de 5000 relojes. Dos veces al año, al principio y al final del horario de verano británico (horario de verano), le lleva más de cinco horas restablecer cada uno a mano.

Los hermanos británicos Jackson y Freya Houlding escalaron una montaña de casi 3350 m (11 000 pies) de altura, a pesar de tener solo tres y siete años, respectivamente.

La pareja fue conducida y, en el caso de Jackson, llevada a la montaña sueca Piz Badile por sus padres Leo y Jessica Houlding. El ascenso convirtió a Freya en la persona más joven en escalar la montaña sin ayuda y a Jackson en la persona más joven en llegar a la cima. A la familia le tomó varios días completarlo, y pasaron la cuarta noche en una cabaña junto a un acantilado, ¡con una enorme caída a aproximadamente 3 pies (1 m) de distancia de la puerta!

NUEVAS ALTURAS

¡JACKSON SOLO TIENE 3 AÑOS DE EDAD!

FESTIVAL DEL FUEGO

¡Una noche al año, la gente del pueblito de Nejapa, El Salvador, sale a las calles a lanzarse unos a otros bolas empapadas de combustible, ¡en llamas!

El motivo es el festival Bolas de Fuego, que conmemora la erupción volcánica de 1922 que casi arrasó con todo el pueblo. La leyenda local atribuye la explosión a una lucha entre su santo patrón, San Jerónimo, y el diablo. Los participantes, vestidos con máscaras y la cara pintada, forman dos grupos y pasan la noche recreando el duelo. Hay médicos presentes por si acaso, pero lo sorprendente es que no ha habido heridos graves en toda la historia de la celebración.

LENGUA ATRAPADA
Cuando intentaba lamer la última gota, a un niño de siete años de Hannover, Alemania, se le atoró la lengua en una botella de jugo de vidrio. Sus padres trataron, sin éxito, de quitársela, pero cuando la lengua comenzó a hincharse y a ponerse azul, lo llevaron al hospital, donde los médicos lograron por fin retirar la botella bombeando aire dentro de ella.

AYUDA REAL
Cuando Savannah Hart, de cinco años, de Adelaide Hills, Australia Meridional, olvidó a Harriet, su mono de juguete, en una visita al Palacio de Buckingham, Londres, la niña le escribió a la reina Isabel II y Harriet tomó el siguiente vuelo a casa.

> **Una rueda que se cayó de un helicóptero en vuelo atravesó el tejado de la casa de Linda Taylor-Whitt en Lynwood, Illinois, EE. UU., y se atascó en el techo del baño.**

CABEZA MORDIDA
Doce días después de chocar con otro jugador durante un juego de futbol escolar en Setúbal, Portugal, a un niño de 14 años le extrajeron del cráneo uno de los dientes del rival. El diente estaba incrustado en un corte de 5 cm en un lado de la cabeza.

EXPERIMENTOS DE VOMITO
En un intento por demostrar que la fiebre amarilla no era una contagiosa, Stubbins Ffirth, un médico practicante de principios del siglo XIX en Filadelfia, EE. UU., bebió vasos llenos de vómito negro obtenido de un paciente con fiebre amarilla. También vertió vómito negro fresco en cortes que se hizo en los brazos, se lo aplicó como gotas en los ojos y frió el vómito para inhalar los vapores, todo sin enfermarse. (Y es que la fiebre amarilla la transmiten los mosquitos).

AMOR CON ALAS
Michele Köbke, de Berlín, Alemania, ha estado enamorada de un avión de pasajeros Boeing 737-800 de 40 toneladas más de seis años. Lo llama "Schatz", que significa "cariño" en alemán, y tiene un modelo grande del

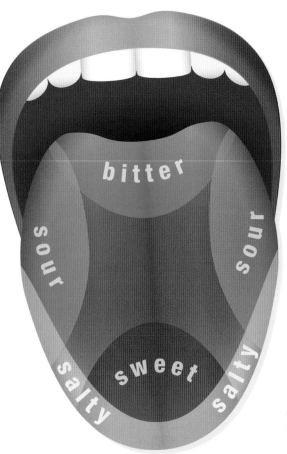

...OR NOT! EDICIÓN DE COMIDA

A veces, un concepto erróneo se repite tanto, que muchos terminan creyéndolo.

A eso hemos dedicado en Ripley nuestra sección "Or Not!". ¡Hínquele el diente a estas "verdades" sobre la comida!

1 Mucho sabor

¿Tiene la lengua diferentes zonas para los sabores como dulce, amargo y salado? No. El llamado "mapa de la lengua" sigue siendo pseudociencia y fue desacreditado por los científicos hace varias décadas.

2 Una manzana a diario...

Lo siento, amigos, ¡pero una manzana a diario no hace a la gente sana! Es cierto que comer fruta tiene beneficios nutricionales, pero los científicos no han visto ninguna reducción en las visitas al médico entre quienes comen manzanas a diario.

3 Echarse un trago

Actualmente, algunos investigadores creen que beber ocho vasos de 240 ml de agua al día es excesivo. En lugar de seguir la regla de 2 litros diarios, sugieren prestar atención a la sed natural del cuerpo.

4 Hasta la próxima

Si alguna vez se ha tragado un chicle, le tenemos buenas noticias. Contrario a la leyenda urbana, la goma de mascar pasa por el sistema digestivo y se elimina normalmente: no se queda en el estómago siete años.

5 El fin de los cinco segundos

Todos nos hemos lanzado en picada para rescatar comida del suelo, pero ¿es cierta la "regla de los cinco segundos"? En 2016, un estudio de 2 años concluyó que no importa lo rápido que se levante la comida, ya estará contaminada con bacterias.

6 La galleta de la fortuna

Lejos de ser de origen chino o estadounidense, fueron inmigrantes japoneses los que introdujeron las galletas de la fortuna en San Francisco, EE. UU., los *"senbei"*, o *crackers*.

7 Comida eterna

Si cree que una comida de McDonald's durará lo suficiente para sobrevivir al apocalipsis zombi, está en un error. Sus comidas no son menos propensas a echarse a perder que una comida casera.

8 Hora de la siesta

¿Será el triptófano en el pavo el culpable de la somnolencia que se siente después de un atracón? ¡Pues no! El exceso de carbohidratos y comida son los culpables de las famosas siestas posnavideñas.

DULCES ESCULTURAS

¡A un lado, constructores de casas de jengibre! Las galletas de Navidad ya no serán lo mismo después de ver las esculturas de cultura popular de Caroline Eriksson.

Caroline, que viven en Oslo, Noruega, crea desde extraterrestres y Darth Vader hasta cráneos humanos del dulce *pepperkaker*. Su arte es tan realista, que pocos estarían dispuestos a hincarle el diente a sus obras, como Groot, de *Guardianes de la galaxia*, o el antihéroe Venom, que babea saliva azucarada.

¡YO SOY GROOT!

Xenomorfo de galleta de jengibre

FINGIDO

Aracnofóbicos, relájense: esta araña peluda ¡es en realidad una oruga! La oruga mono, de nombre y forma peculiar, puede encontrarse en todo el continente americano. Es la larva de la polilla bruja; tiene patas como ventosas viscosas en la parte inferior, y la parte superior decorada con brazos largos y peludos que se mueven para imitar una tarántula.

NOMBRE APROPIADO

En diciembre de 2019, los bomberos de Graham, Washington, EE. UU., rescataron a un caballo enredado en unos cables de alta tensión caídos. El caballo se llamaba Touch of Generator (toque de generador).

PERRO ALCALDE

Murfee, el perro de terapia, fue elegido alcalde de Fair Haven, Vermont, EE. UU., en 2020, derrotando a la alcaldesa en funciones, la cabra Mara Lincoln, y a K-9 Sammy, un perro policía.

SALUDO POLAR

Los osos polares se saludan tocándose la nariz. También se acercan a otro oso polar que esté comiendo y le tocan la nariz para pedir permiso para comer con él.

BORRACHERA EN GRANDE

Un rebaño de 14 elefantes entró en una aldea de la provincia de Yunnan, China, buscando comida y terminó emborrachándose con vino de maíz. Dos elefantes machos se desmayaron en un jardín de té cercano.

SILENCIADOR DE ALARMA

Una mujer en São Paulo, Brasil, siempre llegaba tarde al trabajo porque su gato, Joaquim, apagaba la alarma de su teléfono todas las mañanas golpeando la pantalla con la pata cuando comenzaba a vibrar en la mesita de noche.

SANGRE AZUL

Un árbol de las selvas tropicales de Nueva Caledonia, el *pycnandra acuminata*, produce un líquido azul verdoso, similar a la savia, que tiene hasta un 25 % de níquel. En otras palabras, ¡el árbol literalmente escurre metal! ¿Cómo lo hace? Estas plantas tienen la capacidad única de recolectar grandes cantidades de níquel del suelo, lo que les da su savia de color turquesa.

BICHOS POMPOSOS

¡La etapa de ninfa de los insectos fulgoromorfos es espectacular!

Hay miles de especies de fulgoromorfos, y muchas pasan por una fase fabulosa durante su vida en la que les brotan curiosos apéndices en su parte trasera. Estas extravagantes colas están hechas de cera impermeable y protegen a las diminutas ninfas distrayendo a los depredadores. En algunas especies, las impresionantes colas, como abanicos de colores, ayudan al insecto a reducir la velocidad cuando cae, ¡como un paracaídas!

LIENZO SOBRE RUEDAS

Con una herramienta Dremel y un coche blanco como "lienzo", la artista londinense Claudia De Sabe creó el primer automóvil tatuado.

Lexus desarrolló el concepto del automóvil tatuado para rendir homenaje al fino arte tradicional de los tatuajes japoneses. De Sabe decoró el vehículo con impresionantes imágenes, incluida una carpa koi a todo lo largo. Usó la fresadora Dremel para exponer el metal bajo la pintura blanca y luego 5 litros de pintura de alta calidad para resaltar los detalles. Los toques finales en laminado de oro crean reflejos y vuelven tridimensional la obra de arte vehicular.

DESENROLLADAS

Aladino se volvería loco en el Museo de Alfombras de Azerbaiyán, en Bakú. Ubicado en un edificio largo y estrecho con forma de alfombra enrollada, el museo parece realmente de cuento de hadas. Con un diseño del arquitecto austriaco Franz Janz, la construcción tardó seis años y se terminó en 2014. El impresionante exterior con sus elaborados patrones decorativos evoca las piezas tejidas que se exhiben en las paredes curvas del interior.

CADÁVER OCULTO

Cuando el crítico literario inglés William Hazlitt murió en 1830, su casera, ansiosa por alquilar su habitación lo antes posible, escondió el cuerpo bajo una cama y mostró a los posibles inquilinos el departamento de Londres con el cadáver aún ahí.

TRENES MINIATURA

El músico Rod Stewart pasó 26 años haciendo una maqueta de 140 m² con trenes en su casa de Los Ángeles, California, EE. UU., basada en una ciudad industrial de ese país de la década de 1940. La comenzó en 1993 y solía llevar consigo herramientas, pinturas y kits cuando iba de gira para dedicarse a su pasatiempo entre conciertos. A veces incluso reservaba una habitación de hotel adicional para usarla como taller.

DOS GOTAS DE AGUA

Durante la filmación de *Star Wars: La amenaza fantasma*, las actrices Keira Knightley y Natalie Portman se parecían tanto, una vez maquilladas, que hasta sus propias madres tenían dificultad para diferenciarlas en el set.

El músico finlandés Tuomas Holopainen encabezó las listas de éxitos de su país con un álbum conceptual basado totalmente en una novela gráfica de Rico McPato.

PELÍCULA PROHIBIDA

La película *La vida de Brian* de *Monty Python* estuvo prohibida en la ciudad galesa de Aberystwyth durante 30 años. La prohibición se levantó en 2009 cuando Sue Jones-Davies, quien interpretó a Judith Iscariote en la película, fue electa alcaldesa de Aberystwyth.

¡HELICÓPTERO NO!

Durante la filmación de *El Señor de los Anillos: La comunidad del Anillo*, el elenco y el equipo tenían que volar en helicóptero a montañas remotas en Nueva Zelanda. Pero el actor británico Sean Bean, que interpretó a Boromir, tenía miedo de volar, y a menudo caminaba dos horas con su atuendo completo hasta el set.

PRIMEROS PAPELES

El futuro líder cubano Fidel Castro apareció en dos películas de Hollywood de 1946 como extra. Interpretó a un espectador junto a una piscina en la comedia romántica *Easy to Wed* y cantó y bailó en *Holiday in Mexico*.

CHEQUE DE COBAIN

Un cheque de regalías sin cobrar por 26.57 USD a nombre de Kurt Cobain y fechado el 6 de marzo de 1991, seis meses antes de que Nirvana lanzara su álbum más vendido, *Nevermind*, se encontró en 2019 doblado dentro de una colección de discos usados en la tienda Easy Street Records de Seattle, Washington, EE. UU.

Como muchos, durante el confinamiento por COVID-19, Matthew Van Vorst de Astoria, Nueva York, EE. UU., buscó un nuevo pasatiempo. Es probable que sea la única persona que comenzó a esculpir en queso, ¡al menos con el detalle que ha podido lograr!

Si bien ya había incursionado antes en el arte, su proyecto "Cuttin' the Cheese" es su primer experimento en el mundo de la escultura. Comenzó con un trozo de queso parecido vagamente a un sofá que hizo reír a sus compañeros de cuarentena y terminó con una serie de esculturas de diversos temas, desde sándwiches hasta maletas. El equipo de Ripley tenía muchas preguntas, y ¿quién mejor para responder que el propio artista?

P: Además del queso y las herramientas que para tallar, ¿utiliza algún otro material para hacer sus piezas?
R: ¡No! ¡Solo queso!

P: ¿Cómo decide qué tipo de queso esculpir?
R: Algunos quesos son mejores que otros, según del tema. El cheddar es ideal para labrar y tallar diseños. Permite cierto juego y no se nota mucho si uno se equivoca. El queso suizo y el jarlsberg son sólidos y maravillosos para esculpir piezas con grandes agujeros, ya que no se deshacen fácilmente. Pero el parmesano es mi favorito para trabajar. Se puede raspar, cortar, rebanar y hacer detalles muy finos. No se despedaza y, seamos francos, es el más delicioso.

P: ¿Cuál ha sido su pieza favorita o la más difícil hasta la fecha?

R: Hasta ahora, la más difícil es también mi favorita: "Pantuflas de pie en cheddar semiañejo". La idea surgió de una obra de Emily Blythe Jones: un par de pantuflas realistas con forma de pie en látex. Me pareció tan divertido que quise hacer mi propia versión en queso. La dificultad provino de que fuera una pieza tan orgánica. No es como un edificio o una forma angular que se mide fácilmente. Trabajar una forma humana significa que hay movimiento, vida, variación. Es difícil capturar eso de manera efectiva, pero quedó perfecto. Es deliciosamente extraño.

P: ¿Qué hace con las esculturas una vez que las termina?

R: ¡Definitivamente se comen! Claro, primero les tomo fotografías, pero luego nos las comemos. Estoy seguro de que no es muy saludable... ¡pero siempre hay mucho queso en mi refrigerador! ¿Quién podría negarse?

"Es deliciosamente extraño".

P: ¿Qué consejos le daría a un aspirante a artista del queso?

R: ¡Refrigeración! Y aire acondicionado. La mayor dificultad de trabajar con queso es que se calienta muy rápido. Y una vez que el queso se entibia, es horrible para trabajar. Suda, se ablanda y se deshace. Por eso, si una escultura de arcilla puede tardar varias horas en hacerse, una de queso lleva varios días, porque hay que parar, envolver el queso y refrigerarlo.

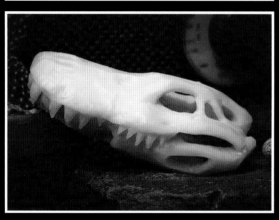

La mayoría de las esculturas de Van Vorst están hechas de un solo bloque de queso sólido, de entre 5 y 15 cm de largo.

EL PROCESO

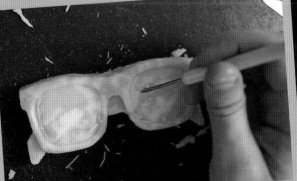

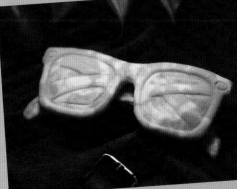

ARTE DE RASPAR

James Owen Thomas de Pateley Bridge, Inglaterra, crea obras de arte a partir de tarjetas de lotería para raspar.

El proyecto nació de su pasión por el reciclaje y su desdén por las calles sucias. Muchas de las tarjetas que usa en sus piezas las encontró tiradas en calles o parques. Los colores brillantes que atraen a los compradores de tarjetas le dan a James una amplia y vibrante paleta para trabajar.

SUERTE EN LA LOTERÍA

Dicen que es más probable que nos caiga un rayo a que ganemos la lotería, ¡pero no se lo digan a la gente de esta lista, que ha ganado mucho con su suerte!

GASOLINA DE LA SUERTE

En julio de 2020, un empleado de una gasolinera en Eastpointe, Michigan, EE. UU., le dio accidentalmente a un hombre una tarjeta de raspar de 20 USD en lugar de la tarjeta de 10 USD y cambio que pidió. Afortunadamente, el hombre decidió quedarse con esta tarjeta y terminó ganando 2 millones de dólares.

GORDO DE CUMPLEAÑOS

En su cumpleaños, Dennis Ressler de Boiling Springs, Carolina del Sur, EE. UU., ¡ganó un millón de dólares en la lotería!

GALLETA DE LA SUERTE

En 2005, una empresa de galletas de la fortuna imprimió números ganadores de la lotería, ¡y produjo 110 premios!

SUERTE REPETIDA

La misma noche que Anthony McIntyre Sr. de Georgetown, Kentucky, EE. UU., les dijo a sus vecinos que tres años atrás había ganado 100 000 USD con una tarjeta de raspar, compró otra tarjeta ¡y ganó 100 000 USD otra vez!

¡PASTEL DE TAMAÑO NATURAL!

UNA REBANADA DE
ORGULLO Y PREJUICIO

Para celebrar el 25º aniversario de la serie *Orgullo y prejuicio* de la BBC, el Drama Channel de UKTV Play encargó a la escultora de pasteles Michelle Wibowo un pastel de tamaño real del Sr. Darcy, interpretado por Colin Firth.

Colin Firth, considerado un deleite por los fans de Jane Austen, se ve francamente delicioso como el héroe romántico por antonomasia: bizcocho, glaseado y todo lo demás. ¿Cómo logró Wibowo esta maravilla de la repostería? La arquitecta convertida en pastelera pasó tres semanas y 200 horas elaborando su postre de Darcy de 1.8 m. Empezó con un esqueleto de metal al que aplicó bizcocho esponjoso y ganache de chocolate. Cubierto con crema de mantequilla de vainilla y glaseado de fondant, el postre luce encantador y elegante.

LOOK AZUL

Lhouraii Li, una maquillista de Bradford, Inglaterra, se pinta la cara y las manos de azul casi todos los días desde hace más de dos años. Inspirada en los extraterrestres, cree que una piel azul va bien con su personalidad y la hace sentir más segura. Quiere volverse azul permanentemente, pero como teme que pueda ser alérgica a los tatuajes, utiliza pintura facial.

NIÑO CIRUJANO

Akrit Pran Jaswal, de la India, realizó su primera cirugía cuando tenía apenas siete años. Conocido en su pueblo como un genio de la medicina, accedió a separar los dedos de una niña de ocho años que sufrió quemaduras graves cuando era bebé. Estas lesiones le pegaron los dedos, pero la cirugía de una hora que Akrit hizo gratis mejoró mucho su calidad de vida. Más tarde, fue aceptado en la facultad de medicina de la Universidad de Punjab, a los 11 años.

DE PRISIÓN A MANSIÓN

Graham Skidmore, de Worcestershire, Inglaterra, convirtió una vieja camioneta de policía usada para transportar prisioneros a los tribunales, en una casita de jardín para su esposa. Pagó 250 GBP por la camioneta y otras 750 GBP para quitarle las cinco celdas y el baño, pero conservó las pesadas puertas y la escotilla a través de la cual el conductor hablaba con los prisioneros. En total, el proyecto fue una ganga comparado con las 42 000 GBP que le habían cotizado por una casita nueva.

COLECCIÓN DE TIERRA

Las repisas de la casa de Bruce Jackson en Wilson, Carolina del Norte, EE. UU., están llenas de más de 360 frascos de comida para bebé con tierra de sitios interesantes o históricos de todo el mundo. Incluyen tierra de la tumba de John F. Kennedy, el Álamo, la Torre Inclinada de Pisa, el Palacio de Buckingham, el Muro de Berlín, Graceland y Gettysburg.

HUEVOS APILADOS

Sin usar adhesivos, Mohammed Muqbel, un yemení de 20 años que vive en Kuala Lumpur, Malasia, puede equilibrar tres huevos de gallina uno sobre otro, en una pila vertical. Ha estado haciéndolo desde que tenía seis años y dice que el secreto es encontrar los centros de masa de cada huevo y asegurarse de alinearlos con precisión al apilarlos.

FAMILIA DE PESCADORES

Mientras pescaba en Old Hickory Lake, Tennessee, EE. UU., Coye Price, de nueve años, que pesa solo 25 kg, atrapó un esturión gigante que pesaba 36 kg. Tardó 15 minutos en subir el pez al bote antes de que lo devolvieran al agua. Es el tercer niño de su familia que atrapa un pez gigante, después de su hermana Caitlin, de 11 años, que pescó una lubina de 18 kg, y su hermana Farrah, de ocho años, que pescó un bagre azul de 26 kg.

SOBRE RUEDAS

Vasilisa Maslova desafía la gravedad con sus figuras de patinaje. La patinadora sobre ruedas bielorrusa de slalom estilo libre ganó el título mundial en los Países Bajos en 2018, y lo merece. No solo completa sin esfuerzo un recorrido de slalom mientras baila en estilo libre, sino que puede hacerlo en una pierna, patinando hacia atrás en una sentadilla sobre una sola rueda. ¡Esa es condición física!

EQUILIBRIO DE VIDA Y TRABAJO

Dan Wasdahl de Massillon, Ohio, EE. UU., puede hacer malabares, girar un hula-hula y equilibrar un plato giratorio sobre un palo en su boca, todo mientras está parado en una plataforma móvil. ¡Ah, y con todo en llamas!

El hombre de 65 años se especializa en "trucos combinados" y puede realizar una variedad de acrobacias diferentes al mismo tiempo. Pero no es un artista de circo de tiempo completo. Es un médico que trabaja en la Northeast Ohio Medical University como profesor titular de patología. Mientras otros hacen álbumes de recortes o modelos de aviones, el Dr. Wasdahl mantiene un equilibrio a veces literal entre el trabajo y la vida privada: participa en el Wizbang Circus Theatre y administra el 9th Avenue Street Circus en su tiempo libre.

Pieza de Ripley
Núm. cat. 168548

ARTE DE CD

Sean Avery, de Australia, da nueva vida a los discos compactos desechados convirtiéndolos en arte, como este halcón peregrino. Corta los discos con unas tijeras y pega las figuras recortadas en un marco de alambre.

Pieza de Ripley
Núm. cat. 173338
GUITARRA ESTAMPADA

El artista californiano Russell Powell desarrolló un estilo de pintura que llama "estampado de mano": pinta su palma antes de estamparla en un lienzo de papel. Este collage de guitarra está formado por 16 guitarristas famosos, como Jimi Hendrix, Eric Clapton, Eddie Van Halen, Slash, Chuck Berry, Kurt Cobain y otros.

Pieza de Ripley
Núm. cat. 172698
DISCOS ROTOS

El artista Ed Chapman de Manchester, Inglaterra, creó ese retrato dividido de las leyendas del rap Tupac Shakur y The Notorious B.I.G. con trozos de discos rotos. La obra mide 1.2 m de altura.

REBELIÓN DE RECIBOS

¡La pastelería bávara Bäckerei Ways decora sus donas con recibos comestibles! La cobertura de fondant es una forma burlona de protesta contra una nueva ley en Alemania que exige que las tiendas proporcionen recibos por cada compra. Los críticos dicen que la ley produce una cantidad innecesaria de basura, ya que la mayoría de los recibos se imprimen en papel térmico no reciclable. Fue un éxito: la tienda pasó de hacer 300 donas una semana a 900 la siguiente, según el jefe de panaderos de la tienda, Ludovic Gerboin.

DESAYUNO SORPRESA

El platillo vietnamita *chả rươi* parece una mezcla entre un hot cake y un omelet, pero contiene un ingrediente especial que desafía a la mayoría de los paladares occidentales: gusanos de arena. Esta comida callejera popular en el norte de Vietnam es una delicia básica en ciudades como Hanoi. Se sirve con salsa de pescado y tiene una textura carnosa y un aroma exquisito. Los gusanos de arena viven en los humedales del norte y se cosechan en otoño. Se pueden usar congelados o frescos, aunque los lugareños usan gusanos frescos para el mejor *chả rươi*.

ALTO AL FUEGO

En el apogeo de la Batalla de Germantown en 1777 durante la guerra de Independencia de Estados Unidos, Washington ordenó un alto al fuego para devolver un perro perdido a su dueño, el general enemigo Sir William Howe. El pequeño terrier se encontró en el campo de batalla de estadounidenses y británicos, así que Washington llevó al perro a su tienda, lo alimentó, lo cepilló y lo limpió antes de devolverlo a Howe. Una vez hecho esto, se reanudó la batalla.

CHEQUEO MÉDICO

Durante un torneo de ajedrez, un jugador de élite puede quemar más de 6000 calorías al día, lo que equivale a jugar tenis durante 11 horas. El Campeonato Mundial de Ajedrez de 1984 en Moscú entre los grandes maestros rusos Anatoly Karpov y Garry Kasparov duró más de cinco meses, durante los cuales Karpov bajó 10 kg. La contienda finalmente terminó debido al deterioro en la salud de ambos jugadores.

RECUPERACIÓN MILAGROSA

Después de estar completamente ciego del ojo izquierdo durante 20 años, Janusz Goraj, de Gorzow Wielkopolski, Polonia, recuperó milagrosamente la vista cuando lo atropelló un coche al cruzar la calle. Se golpeó la cabeza contra el coche y la calle, pero mientras se recuperaba en el hospital, se dio cuenta de que de pronto podía ver con mucha más claridad que antes.

COINCIDENCIA FAMILIAR

Cuando Blake Oliver de Michigan, EE. UU., le pidió a su amiga Camille que le enviara una foto para usarla como protector de pantalla en su teléfono, ella le envió una foto de hacía 18 años, cuando era niña y estaba de vacaciones en Canadá. Aunque las dos familias no se conocían entonces, caminando detrás de Camille en la foto estaba la abuela de Blake, Joyce, quien casualmente había viajado de Florida a la isla de Vancouver para visitar a unos familiares.

DIENTE NASAL

Cuando Zhang Binsheng visitó un hospital en Harbin, China, quejándose de tener siempre la nariz tapada, los médicos le extrajeron un diente que había estado creciendo en su fosa nasal durante 20 años. Zhang perdió dos dientes en una caída cuando tenía 10 años. Encontró uno, pero no sabía que el otro se había alojado en su cavidad nasal, donde siguió creciendo durante las siguientes dos décadas.

HORNO DE LADRILLOS

Iouri Petoukhov de Canadá combinó su pasión por la pizza y su amor por los LEGO ¡en la mejor máquina para hacer pizzas con bloques de plástico!

Solo con piezas de LEGO, él y su hijo, Michael, crearon un dispositivo gourmet que puede hacer una pizza completa, con salsa, queso, pimientos y salchichas. ¡Incluso la rebana una vez que termina de hornearse! El artilugio de cocina de Petoukhov es solo una de varias creacione asombrosas que él y Michael han hecho bajo el nombre de "The Brick Wall".

1 Serpientes

¡Las serpientes no se dislocan las mandíbulas para comer! A diferencia de los mamíferos, la mandíbula inferior de una serpiente no está unida a la superior; eso les permite tragar presas mucho más grandes que ellas.

...OR NOT!

EDICIÓN DE ANIMALES

A veces, un concepto erróneo se repite tanto, que muchos terminan creyéndolo.

A eso hemos dedicado en Ripley nuestra sección "Or Not!". Estos son algunos de nuestros datos favoritos de animales para esta sección.

2 Sapos

¡Tocar un sapo no causa verrugas! Si bien los anfibios pueden parecer verrugosos, las protuberancias en sus cuerpos son solo eso: ¡bolas! Hay cinco tipos de verrugas, pero ninguna es causada por sapos o ranas.

4 Panteras negras

¡Las panteras negras no son una especie real! El término "pantera negra" no se refiere a una especie distinta. ¡Describe el color del pelaje! Hay jaguares, leopardos y otros grandes felinos de pelaje negro a los que se les llama "panteras negras".

3 Aves

Tocar a un pajarito no hace que su madre lo abandone. El olor de un humano no es suficiente para anular el instinto de una madre pájaro de cuidar a su cría. Pero si ven a un pájaro bebé saltando, probablemente esté aprendiendo a volar y hay que dejarlo en paz.

5 Zarigüeyas

Las zarigüeyas en realidad no se hacen las muertas cuando se ven amenazadas. Lo que ocurre es que entran involuntariamente en un estado catatónico en el que sus cuerpos se relajan y su respiración parece detenerse.

¿QUÉ ES LA MATAMATA?

La tortuga matamata de América del Sur sigue siendo la reina del camuflaje al confundirse sin esfuerzo con su entorno ¡e incluso escondiendo una especie desconocida!

La tortuga matamata *(Chelus fimbriata)* es experta en ocultarse entre las rocas, algas y restos vegetales de la cuenca del Amazonas. Desde su cabeza en forma de cuña y su boca ancha hasta sus diminutos ojos, el reptil se ve definitivamente extraño. Los colgajos de piel, las verrugas y un caparazón nudoso cubierto de algas la convierten en el equivalente de una planta ambulante. Al notar ligeras diferencias entre las poblaciones de matamata del Amazonas, los científicos hicieron pruebas genéticas que revelaron la *Chelus orinocensis*, ¡una especie nueva!

¡LA TORTUGA MATAMATA USA SU NARIZ COMO UN ESNÓRQUEL!

> **Todos nos reímos en el mismo idioma.**
> Clay Mazing

Clay Mazing entretiene a un huérfano cerca de la frontera entre Estados Unidos y México.

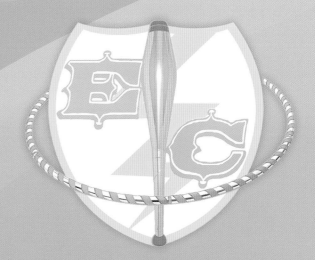

CIRCO DE URGENCIAS

Se dice que la risa es la mejor medicina, así que para Clay Mazing de Nueva Orleans, Luisiana, EE. UU., tuvo sentido crear el Emergency Circus (circo de urgencias), un grupo de artistas que usan su talento para llevar alegría y risas a personas de todo el mundo.

El grupo se ha presentado en campos de refugiados y hospitales, ante personas afectadas por desastres naturales y en comunidades de gente sin hogar. En 2020, reconfortaron a su ciudad natal de Nueva Orleans durante un brote de COVID-19. Siguiendo su tema humorístico, usan su "Sh'zambulancia" para llevar "Circ-A-Gramas" a sus conciudadanos que necesitan distracción y risas, todo a una distancia segura y sin costo. ¡Incluso han ofrecido actuaciones virtuales para personas en otros sitios! Los espectáculos del Emergency Circus incluyen malabares con cuchillos, actos con látigos, payasos ¡y más! Ripley entrevistó a Clay Mazing para saber más sobre el Emergency Circus.

Catalina Paz, Severin Steensen, Clay Mazing, Maya Pen, Julia Cev, Lucy Ray y María Daniela Ochoa en su gira "Bridge the Border" de 2019.

P: ¿Qué lo inspiró a crear Circ-A-Gramas durante la pandemia de COVID-19?

R: Una noche, durante la cuarentena, pedí una pizza y se me ocurrió que si la pizza se puede entregar de manera segura, entonces también podría presentar un acto de circo de puerta en puerta de manera segura. Así fue como creé una línea directa (1-NOW-CIRCUS-1) e hice un comercial cursi ofreciendo mis servicios por donación. Funcionó bien; he podido presentar muchos espectáculos para personas en cuarentena en Nueva Orleans y en todo el país.

La Sh'zambulancia

P: ¿Qué puede esperar alguien que asiste a un espectáculo del Emergency Circus?

R: Cada espectáculo del Emergency Circus se adapta al área y a la crisis a la que se enfrenta la gente. En Puerto Rico, por ejemplo, desarrollamos un acto en el que dos payasos escenificaban una lucha libre entre el Huracán María y El Yunque, una selva tropical en la isla que los lugareños creían que los protegía de los huracanes. Por supuesto, El Yunque ganó la batalla y los niños pudieron celebrar la derrota del traumatizante evento que habían sufrido recientemente.

> **"Nunca se sabe cómo el amor y la alegría que compartimos se esparce por el mundo".**

P: ¿Dónde se ha presentado el Emergency Circus? ¿La Sh'zambulancia siempre los acompaña?

R: Hemos actuado en más de 30 países. No llevamos la Sh'zambulancia en viajes donde hay que cruzar mares, pero hemos realizado varios recorridos a lo largo de la frontera entre México y Estados Unidos. ¡No hay nada mejor que la expresión confundida pero alegre en el rostro de un huérfano del México rural cuando llega una ambulancia colorida y de ella salen muchos payasos superhéroes!

Justin Therrien haciendo payasadas con niños huérfanos en la frontera entre México y Estados Unidos.

Moniek de Leeuw toca el violín mientras Clay Mazing muestra su destreza con el lazo ante refugiados sirios en Grecia.

P: ¿Cuáles son los momentos que más recuerda?

R: Algunos de mis momentos favoritos son los desfiles. A menudo, reunimos a la gente para una actuación desfilando por el lugar. Dejamos que los niños encabecen el desfile y les enseñamos canciones, tocamos instrumentos y repartimos maracas y matracas. Es conmovedor ver los rostros que salen de chozas de cartón o de tiendas de campaña del UNICEF, que transforman su confusión en risa. La gente se pone sus zapatos y se une al desfile. Toda la energía de un campamento se transforma en una celebración. Personas de diferentes países, etnias y religiones aplauden y disfrutan del circo. Esto demuestra que todos nos reímos en el mismo idioma.

P: ¿Cuál es la reacción más sorprendente que ha logrado con sus actuaciones?

R: Esa es una pregunta difícil, pero recuerdo una historia. Cuando estuve en Tijuana el año pasado, me presenté en un centro que albergaba solo a hombres adultos. Estaba nervioso de que mis payasadas no fueran apreciadas sin la presencia de niños, pero me sorprendió ver que todos participaron y se mostraron agradecidos. En realidad se volvieron como niños, me agradecieron mucho después del espectáculo y me dijeron que ya les hacía falta reírse así. Reafirmó mi creencia en la importancia de este trabajo.

Los payasos del Emergency Circus llevan risas a un orfanato en México.

POSTRE DE LA NATURALEZA

Esta fruta no está podrida, es un zapote y es negro; ¡es como una fruta pudín de chocolate! Es originaria de México y América Central, pero se puede cultivar en otros lugares del mundo. A diferencia de la mayoría de las frutas, ¡esta no está madura hasta que es suave, blanda y rezuma jugo! El color y la textura son como los de una crema de chocolate espesa. Hay quienes lo comen directo de la cáscara con una cuchara; otros se ponen creativos y lo mezclan con especias, lo usan para hornear o lo hacen en helado.

Entre los más de 100 sabores creados por el fabricante japonés de refrescos Kimura están el refresco de cola sabor a anguila, a hueva de pescado, a ciruela en escabeche, a curry y a papas fritas.

NOMBRES POPULARES
Alrededor del 45 por ciento de los surcoreanos tienen uno de tres apellidos: Kim, Lee o Park (Bak). Durante muchos años, fue ilegal en Corea del Sur casarse con alguien con el mismo apellido.

SABORES EXTRAÑOS
María del Carmen Pilapaña tiene un puesto en Quito, Ecuador, que vende helados con sabor a conejillo de Indias. El conejillo de Indias es un plato tradicional en varios países latinoamericanos. También sirve helados con sabor a champiñones y escarabajos.

ÁRBOL SOLITARIO
El Árbol de Ténéré, una acacia solitaria ubicada en el Sahara, fue alguna vez el único árbol en 400 km. Estuvo en total aislamiento durante décadas hasta que un conductor supuestamente ebrio lo derribó en 1973.

TEJEDORES EN PRISIÓN
Los reclusos de la prisión de alta seguridad Arisvaldo de Campos Pires de Brasil pueden reducir sus sentencias si se dedican a tejer para la diseñadora de modas Raquel Guimaraes. Reciben un día de descuento en su sentencia por cada tres días que tejen.

VUELOS GRATIS
Para promover su Semana Verde en agosto de 2019, la línea aérea Frontier Airlines, de Estados Unidos, ofreció vuelos gratuitos a las personas con apellido Green o Greene (verde).

TUMBA CRIMINAL
La extravagante tumba del criminal convicto Antonio "El Tonto" en Pinos Puente, España, tiene una estatua de él en bronce y una réplica de un Audi Q5, el coche que usó para sus atrevidos secuestros de camiones, ambos de tamaño natural.

PRUEBA SUIZA
Cualquier persona en Suiza que no pase su examen de conducir más de tres veces debe someterse a una evaluación sicológica.

LOS ÚNICOS RESIDENTES
Lester y Val Cain son los únicos residentes de Middleton, Queensland, Australia, donde administran el histórico Hotel Middleton, el único edificio ocupado en el área. Están a casi 170 km de la ciudad más cercana, pero han administrado el hotel durante más de 15 años.

MISMO NOMBRE
Los puntos más al este y al oeste de los territorios de Estados Unidos (en las Islas Vírgenes y Guam, respectivamente) se llaman Point Udall. Se llaman así en honor a los hermanos Stewart y Morris Udall, que fueron políticos.

CRUCERO POR EL ACANTILADO

El Sun Cruise Resort en Jeongdongjin, Corea del Sur, ¡se ve como un crucero encallado en lo alto de un acantilado!

El crucero tiene más de 152 m de largo, unos 45 m de alto y 211 habitaciones. Al igual que un barco real, el hotel ofrece a los huéspedes una multitud de opciones de entretenimiento como compras, karaoke, piscinas y canchas de voleibol, todo sin las olas que pueden causar mareos. ¡También hay un restaurante de sushi en forma de velero en la playa! Desde unos altavoces se emite el sonido de las olas que golpean el costado del falso crucero para imitar aún más la experiencia de estar en el océano.

PROTECCIÓN TATUADA

Como es muy sensible a la luz, Mandy Liscombe, de Swansea, Gales, se tatuó los globos oculares para que actúen como lentes de sol. El cirujano Mario Saldanha insertó tinta para tatuajes en las córneas de Mandy para filtrar la luz, poniéndole así, de hecho, lentes oscuros dentro de los ojos.

BROMA ARMÓNICA

Como broma, la estudiante de preparatoria de Ontario Mollie O'Brien, se metió una armónica entera en la boca, llenándola de mejilla a mejilla, pero el instrumento se atascó y tuvo que ir al hospital para que se lo sacaran. Cada vez que respiraba, hacía un ruido musical.

VIOLINISTA EN CIRUGÍA

Dagmar Turner, de la Isla de Wight, Inglaterra, tocó el violín mientras los cirujanos operaban su cerebro para extirparle un tumor. Le pidieron a Turner que tocara para asegurarse de que las partes del cerebro que controlan los movimientos de las manos y la coordinación no se dañaran durante el procedimiento.

RECORDATORIO PICANTE

El Sr. Chen, de Changsha, China, vivió durante 10 años sin saber que tenía ocho agujas de bordar clavadas en la nalga derecha. A menudo tenía una sensación de escozor allí, y cuando por fin fue al médico, una radiografía reveló las agujas. Luego recordó que una vez se había caído en un montón de basura en el trabajo (que tenía agujas de metal), pero creía que se había quitado todas.

TORSO SIN CABEZA

En 2019, se utilizó el ADN para identificar el cuerpo de un hombre que fue visto vivo por última vez hace más de 100 años. El asesino convicto Joseph Loveless escapó de la cárcel en 1916, y se encontró un torso sin cabeza envuelto en un saco en una cueva de Idaho, EE. UU., en 1979. Cuarenta años después, se reveló que el cuerpo era de Loveless. Los científicos confirmaron la identidad tras 2000 horas de investigación comparando el ADN del cuerpo con el del nieto de Loveless.

ESQUELETO PASAJERO

La policía de Tempe, Arizona, EE. UU., detuvo a un conductor por usar un carril para viajes compartidos con un esqueleto con sombrero como pasajero. El esqueleto, que también llevaba vendajes, iba sentado en el asiento del pasajero.

BODA DE MIEDO

Los residentes de Detroit, EE. UU., Jeff Peabody y su esposa Alexis, se casaron en Halloween vestidos como Frankenstein y su novia, y a la fiesta asistieron 180 invitados disfrazados. Las damas de honor fueron el Monstruo de la Laguna Negra y una momia, y los dos padrinos fueron Drácula y el hombre lobo. La distribución de los asientos se dispuso para que pareciera un cementerio.

CLAVE DE SOL

Si uno se siente musical, ¡hay que dar un paseo por el muelle de Tianma en Yantai, China! Los giros y curvas crean la forma familiar de una clave de sol, que se utiliza en notación musical para indicar el tono.

FAN FEED

¡AL ABORDAJE!

Este encantador barco motorizado nos lo enviaron Bill y Kelly Rigoni, propietarios de la Northern Exposure Gallery en Port Clinton, Ohio, EE. UU. La pareja pasó un año construyendo un barco pirata sobre ruedas de 9.8 m de altura, con todo y mástil, aparejos y velas, y lo llamaron Northern Exposure Landship. Para crear su obra única, compraron un cámper de Coachmen del ahora cerrado Salón de la Fama del Futbol Americano Universitario de South Bend, Indiana. Luego, dedicaron nueve meses a instalar en el interior una decoración náutica y lo convirtieron en una tienda itinerante.

CLARAMENTE MEJOR

VACANTE

Los baños públicos transparentes en Japón resultaron revolucionarios, a pesar de su ilógico diseño.

Los baños públicos tienden a tener mala reputación, y por buenas razones. Si bien Japón cuenta con algunas de las instalaciones más limpias del mundo, muchas personas dudan en usarlas. A algunos no les gustan los interiores sucios, mientras que a otros les preocupa que haya gente acechando adentro. Por eso, Japón encargó a sus arquitectos más innovadores la renovación de 17 instalaciones en los parques públicos de Shibuya, dos de las cuales crearon este ingenioso diseño. Puesto que pueden inspeccionarse desde afuera, se espera que estas unidades transparentes brinden confianza. Pero no se preocupe, el vidrio se vuelve opaco al cerrar la puerta, para poder hacer sus necesidades en privado.

OCUPADO

ARTE EN FUEGO

Ivan Djuric de Uzice, Serbia, crea retratos hiperrealistas utilizando la técnica del *pirograbado*, que consiste en quemar los diferentes tonos en la madera.

Con una herramienta para quemar madera similar a un bolígrafo, Djuric usa cantidades variables y precisas de presión para cambiar la intensidad de la quemadura. Con este método, puede lograr una cantidad asombrosa de detalles: sus productos terminados parecen fotografías en blanco y negro. Entre los modelos de su arte candente están Chadwick Boseman, Luciano Pavarotti, Jerry Garcia, Dwayne "The Rock" Johnson y Snoop Dogg.

El actor Dwayne "The Rock" Johnson.

El aclamado cantante de ópera italiano Luciano Pavarotti.

Jerry Garcia, guitarrista principal y vocalista de Grateful Dead.

Pyrography Djura

El actor Chadwick Boseman.

TABLERO BOSCOSO

En 2017, los astronautas de la Estación Espacial Internacional publicaron imágenes de Whitetail Butte, en el norte de Idaho, EE. UU. Las fotos muestran un tablero de damas casi perfecto, resultado de las técnicas de manejo forestal del siglo XIX. Estas técnicas requerían la preservación de parcelas alternadas de 2.6 km². Los cuadros más claros están llenos de árboles pequeños y jóvenes que dejan ver la nieve en el suelo. Los más oscuros son parcelas de bosque espeso e intacto, donde la nieve no se ve desde arriba.

RACIMO DE GRACIAS

Aunque Ud. no lo crea, ¡los plátanos amarillos que conoce y que tanto le gustan no siempre fueron así! Antes de que los seres humanos comenzaran a cultivar la fruta hace miles de años, los plátanos eran mucho más pequeños y tenían semillas grandes. La variedad más popular es la Cavendish, genéticamente idéntica a la planta sin semillas propagada por el duque británico William Cavendish en 1834. Todavía hay cientos de variedades en todo el mundo, algunas con semillas grandes y duras, como las de los plátanos antes del Cavendish.

GANANCIA DE PORCELANA

Judith Howard compró un plato de porcelana francesa del siglo XVIII por 17 USD en una tienda de segunda mano en Berkshire, Inglaterra, en 1982, y en 2020 lo vendió en una subasta por casi 32 000 USD, casi dos mil veces más caro.

MENSAJE SECRETO

En noviembre de 2019, los trabajadores que renovaban una parte de la Universidad Estatal de Montclair en Nueva Jersey, EE. UU., hallaron un mensaje de 112 años en una botella, en un compartimiento secreto de una pared. Fechado el 3 de julio de 1907, el mensaje fue escrito y firmado por William Hanley y James Lennon, dos albañiles de Newark que erigieron el muro original.

DALTÓNICO

Cuando se jubiló, Emerson Moser, el jefe de fabricación de crayones de Crayola, admitió que era daltónico. Moldeó 1400 millones de crayones durante 35 años en la empresa.

CONEXIÓN SORPRESA

Stephen Lee y Helen Jacoby, de Nueva York, EE. UU., estaban mirando fotos de familia viejas mientras celebraban su compromiso cuando se dieron cuenta de que la madre de ella y el difunto padre de él casi se habían casado en Corea en la década de 1960, antes de tomar caminos separados. Hasta entonces, no tenían idea de que había alguna conexión previa entre sus dos familias.

BOLA DE PELO

Médicos en Kolomna, Rusia, extrajeron una bola de pelo gigante de los ovarios de una mujer de 30 años, ¡con hebras de hasta 12.5 cm de largo! El quiste le causaba dolor abdominal y probablemente crecía en su interior desde su nacimiento.

GANADORA DE LA LOTERÍA

Natalia Escudero, reportera de la corporación de televisión española RTVE, renunció en vivo mientras daba los resultados de un sorteo de lotería en diciembre de 2019, al darse cuenta de que era una de las ganadoras. Sin embargo, más tarde se enteró de que solo había ganado unos 5500 USD.

FRIJOLITOS DE DULCE

Ronald Reagan pidió que le enviaran 3.5 toneladas de frijolitos de dulce rojos, blancos y azules a Washington, D.C., EE. UU., para su investidura presidencial. Después, hizo un pedido recurrente de 720 bolsas al mes.

SALVADOS POR LA COLA

Cuando un tren no pudo detenerse al final de unas vías elevadas en los Países Bajos, en noviembre de 2020, ¡nadie imaginó que una enorme estatua de la cola de una ballena evitaría un desastre!

El descarrilamiento del tren parecía las escena de una película. La presencia de la estatua evitó que el tren cayera en picada. Por fortuna, el tren solo llevaba un pasajero durante el incidente, el conductor, el señor Natrop. Lo llevaron al hospital para que lo revisaran y luego lo interrogaron en la estación de policía. Luego se investigó por qué fallaron los sistemas de seguridad diseñados para evitar un descarrilamiento.

CURIOSIDADES ORIGINALES

El trotamundos Robert Ripley trajo de sus viajes artefactos que hoy forman el núcleo de la mayor colección de rarezas jamás reunida, que solo se encuentra en los Odditoriums de ¡Aunque Ud. no lo crea!, de Ripley en diversas partes del mundo.

Si bien la colección actual de Ripley abarca todo, desde artículos de la cultura pop hasta colecciones de pelusa de ombligo, las piezas que el propio Ripley seleccionó realmente continúan su legado. Cabezas reducidas, kapalas tibetanos, sirenas de Fiyi y más: estas curiosidades se han convertido en las piedras angulares de ¡Aunque Ud. no lo crea!, de Ripley.

Cabezas reducidas

Robert Ripley se enteró de la existencia de las cabezas reducidas, o *tsantas*, en su viaje de 1925 a Sudamérica, donde compró una en Panamá por 100 USD. Los miembros de las tribus jíbaro de Ecuador y Perú crearon el largo y complicado proceso que consiste en quitar el cráneo, hervir el cuero cabelludo y llenar el interior con piedras calientes y arena antes de volver a darle forma a la cabeza y coserla. Hay más de 100 cabezas reducidas genuinas en la colección de Ripley.

To TED STONE
— ALL THE BEST!
from RIPLEY
and
HIS SEEING-EYE DOG
"CYCLOPS"
BELIEVE It or Not

Bromas de la naturaleza

Vacas con seis patas, corderos con dos caras: es a lo que Robert Ripley llamaba "fenómenos de la naturaleza". Aunque las criaturas de la colección de Ripley parecían el trabajo de un taxidermista loco, son 100 % naturales e incluyen, entre otros, lechones pegados uno con otro, una oveja con dos cabezas y cabras con un solo ojo. El mismo Ripley decía en broma que tenía un perro con un solo ojo llamado Cyclops, pero en realidad era su perro pastor con el largo pelo hábilmente peinado para taparle un ojo.

Kapala tibetano

Un "kapala" es un cuenco utilizado en rituales de budistas tibetanos e hindúes de la India, hecho con cráneos de monjes. Hay dos tipos de kapala: los que usan todo el cráneo y los que usan solo la "tapa", o la mitad superior del cráneo. A menudo sirven como recipientes para comida o vino.

Sirena de Fiyi

Es uno de los artefactos de feria más famosos de todos los tiempos. Se presentaban originalmente como especímenes auténticos por empresarios de circo como P. T. Barnum, pero más tarde se reveló que las sirenas eran falsas y las creaban con partes de mono y pez disecadas juntas. Ripley nunca presentó a las sirenas de Fiyi en su colección como reales; prefería resaltar el arte de su creación.

Estatua de Masakichi

Una de las posesiones más preciadas de Ripley: un autorretrato en madera, de tamaño natural, del artista japonés Hananuma Masakichi, realizado en la década de 1880. Se dice que Masakichi comenzó la pieza después de que le diagnosticaran tuberculosis, con la intención de que fuera un regalo para su esposa. Fue increíblemente preciso, al grado de arrancarse el cabello e insertarlo en miles de pequeños agujeros en la madera, como folículos pilosos reales. Robert Ripley compró la estatua en una tienda de antigüedades de San Francisco en 1934.

THE JAPANESE MAN

THIS Oriental image is so realistic in detail that it seems the man himself stands there in flesh and blood. And such was the artist's intention! It was carved by Hananuma Masakichi, the illustrious Japanese artist, as a reproduction of himself.

Mr. Ripley avers this is the most lifelike image ever made by man. He searched the world over for this statue for 20 years and finally found it in a small Oriental curio shop.

Over 2,000 pieces of wood were used in it. The body is made of hundreds of pieces or strips glued together—no nails, screws or metals were used. Made in Yokohama in 1885, it shows the artist at the age of 53. Hananuma, suffering from tuberculosis, realized that his end was near and sought to leave a monument of himself. The result is undoubtedly the greatest work of art of its kind ever done.

An exact counterpart of the artist, the size is the same, the pose, the features, the skin is the same color and apparent texture, the hair is the same, the blue veins, the muscles, the prominent collarbones, the tubercular hollows in the neck, the outlines of the ribs, even the hairs adorning the figure. Each separate hair was plucked from his own body and inserted—one by one—in holes bored for them. He took out his own teeth and put them inside the mouth. He removed his own finger-nails and toe-nails and fixed them on the figure. The eyes were made of glass by Hananuma himself and are a wonder of the optical profession, so human and alive are they. Finally, Masakichi added his own carving tools, loin cloth and spectacles, and in his will left all of his worldly goods to his image.

Strange and fascinating, this figure symbolizes the curious facts assembled by Robert L. Ripley of "Believe It or Not" fame which we are bringing to you the coming twelve months. This folder is the first, the other eleven following at monthly intervals.

Please accept them with our compliments and let them be a reminder of our desire to be of service.

RIPLEY BELIEVE IT OR NOT, INC., NEW YORK, N. Y.

Busto ciego

Mark Shoesmith de Nueva York, EE. UU., esculpió este busto de Robert Ripley en 1938. Sorprendentemente, Shoesmith era ciego y logró que su obra se pareciera a Ripley con solo tocarle la cara. A la edad de 36 años, las manos de Shoesmith estaban tan dañadas por crear su arte, que tuvo que dejar de leer Braille.

Estatua del diablo y la doncella

Alrededor de 1928, Robert Ripley adquirió un artefacto realmente extraordinario en una visita a Alemania: una estatua de madera maciza de dos caras con el diablo en un lado y una hermosa doncella en el otro. La estatua de tamaño natural fue creada con tanta habilidad, que no se puede ver una mientras se mira la otra.

Doncella

Vista lateral

Diablo

THE ARSENIC WALTZ.

THE NEW DANCE OF DEATH. (DEDICATED TO THE GREEN WREATH AND DRESS-MONGERS.)

MODA FATAL

Al llegar a cierta edad, recordar la ropa que se solía usar en la juventud puede hacer que uno se muera de vergüenza, pero en la historia ha habido tendencias de la moda que literalmente podían matarlo a uno. Estos son algunos de los atuendos más letales de la historia.

1 Verde de Scheele

Inventado en 1775 por el químico sueco Carl Wilhelm Scheele, este sorprendente tono esmeralda era venenoso debido al arsénico usado en su creación. Se usó para teñir telas y causaba erupciones y llagas supurantes en quienes las usaban. Pero fueron los trabajadores de la fábrica que manipulaban el pigmento todo el día los que sufrieron los efectos más graves, incluida la muerte.

2 Se acabó el tiempo

Durante la Primera Guerra Mundial, las mujeres comenzaron a trabajar en fábricas; en una de ellas se pintaban con radio las carátulas de los relojes para que pudieran leerse en la oscuridad. Los efectos, entonces desconocidos, del envenenamiento por radio causaron la muerte de varias mujeres, precedida por dientes podridos, huesos quebradizos y tumores grandes.

3 Ballet en llamas

Las bailarinas de ballet someten sus cuerpos a un entrenamiento intenso para lograr sus movimientos característicos, pero en el siglo XIX, el riesgo era mayor. Debido a una combinación de faldas largas, vaporosas e inflamables, y lámparas de gas que iluminaban el escenario, hubo varios casos de bailarinas que murieron porque su ropa se incendió.

4 Cuello rígido

A fines del siglo XIX, estaba de moda que los hombres occidentales usaran cuellos altos y rígidos. Hubo varios casos de muertes, porque los cuellos les cortaron la circulación, lo que les valió a estos accesorios el apodo de "asesinos de padres".

PONER CERA, QUITAR CERA

La parte central del Museo Pysanka en Kolomyia, Ucrania, está construida con la forma de un huevo pintado gigante de 14 m de altura.

El museo alberga una colección de más de 10 000 huevos de Pascua ucranianos decorados, o "pysanky". ¡Algunos datan de hace más de un siglo! Esta forma de arte ha existido desde antes. Para crear una *pysanka*, un artista calienta una herramienta parecida a un lápiz llena de cera para dibujar un diseño en el huevo. Una vez que la cera se seca, el huevo se sumerge en un tinte, se saca y se le agregan más diseños; el proceso se repite hasta que el artista termina y toda la cera se retira del huevo. El contenido del huevo se saca soplándolo a través de un orificio pequeño, para que se conserve el huevo.

ANILLO RELUCIENTE

El diseñador de joyas de la India Harshit Bansal creó un anillo ¡con 12 638 diamantes naturales! Logró esta hazaña al diseñar el "anillo de la prosperidad" con capas como pétalos de una flor, una caléndula, que es símbolo de suerte en su país. La llamativa joya pesa 165 g, ¡un poco más que una pelota de beisbol!

MOTO INCREIBLE

La motocicleta TMC Dumont, única en su tipo, ¡funciona con un motor de avión!

Creada por el piloto retirado de Fórmula Uno Tarso Marques, de Brasil, el vehículo futurista también tiene enormes ruedas sin cubo de 91 cm que casi bloquean la vista al conductor. El motor se tomó de un avión de la década de 1960 y se desmontó, se limpió y se volvió a armar para que la moto pudiera usar, de forma segura, sus 300 caballos de fuerza. La TMC Dumont se fabricó por completo en Brasil a lo largo de 15 años, un orgullo para Marques, y ganó el premio "Best of Show" en la Daytona Bike Week de 2018.

APUESTA FATAL
Subhash Yadav murió mientras intentaba comer 50 huevos uno tras otro, por una apuesta de 28 USD con un amigo en Uttar Pradesh, India. Tras una discusión, Yadav aceptó el desafío, pero se desplomó después de devorar 41 huevos y murió unas horas más tarde en el hospital, por comer en exceso.

PUERTA CERRADA
Un hombre de 19 años fue arrestado poco después de robar un Pizza Hut en Las Cruces, Nuevo México, EE. UU., porque sin querer chocó contra una puerta cerrada y dejó rastros incriminatorios de ADN.

CONDE FRÁGIL
John Bligh, el tercer conde de Darnley, que fue miembro del parlamento en Irlanda en el siglo XVIII, estaba convencido de que era una delicada tetera de porcelana y temía que se le cayera el pico durante la noche.

FOTOS CON SATÁN
Un error de dedo en un anuncio de periódico de una feria navideña en Courtenay, Columbia Británica, Canadá, invitó a las personas ¡a tomarse fotos con "Satan", en vez de Santa!

LA MISMA TARJETA
Los mejores amigos Alan Braithwaite y Chris Oakley, de Worcestershire, Inglaterra, se han enviado uno al otro la misma tarjeta de Navidad durante más de 50 años. Ya no queda mucho espacio en la tarjeta para escribir un mensaje.

VENTA DE EMBUTIDOS
Volkswagen vende más salchichas que coches. En 2019, la empresa produjo 6.2 millones de autos en sus fábricas de todo el mundo, pero en su planta de Wolfsburg, Alemania, hizo 6.8 millones de salchichas *currywurst*, que se venden en varios países.

En 2019, un fugitivo fue arrestado cuando lo encontraron dormido en una cama de un IKEA en Uppsala, Suecia. El hombre se quedó en la tienda de muebles después de que cerró.

PAYASO DE APOYO
Como temía perder su trabajo en una agencia de publicidad de Nueva Zelanda, Joshua Jack llevó a un payaso de apoyo emocional a una importante reunión de trabajo. Contrató al *Joe the Clown* por 200 USD para tratar de aligerar el ambiente con sus jefes. Al final, lo despidieron, pero se quedó con dos animales de globo, un unicornio y un perrito, que el alegre payaso hizo durante la reunión.

DIOS VIVIENTE
Shivam Kumar, de seis años, que vive en un pueblo cerca de Delhi, India, nació con un mechón de pelo inusualmente largo en la parte baja de la espalda, que parece una cola, lo que llevó a los vecinos a creer que era una reencarnación del dios mono hindú Hanuman. Los aldeanos le hicieron tantos regalos, que sus padres se vieron obligados a esconderlo de toda esta atención no deseada.

CONTORSIONES MARINAS

Aunque Ud. no lo crea, ¡este objeto con forma de tubo que flota es en realidad una colonia de miles de criaturas! Dos buzos estaban filmando un video turístico frente a la costa de una isla de Nueva Zelanda cuando encontraron el pirosoma de 8 m de largo, que está formado por pequeños organismos individuales llamados *zooides*. Por la noche, nadan juntos hacia la superficie del océano para alimentarse de plancton microscópico y vuelven a las profundidades antes del amanecer.

DIETA DE PATOS

Los veterinarios de un hospital de animales en Pattaya, Tailandia, extrajeron 32 patitos de goma del estómago de Devil, un bulldog americano. Había abierto una caja con 50 patos de juguete, que su dueño, Nong Aom, había comprado para decorar una piscina, y se comió 38. Vomitó seis patos masticados antes de que Nong lo llevara al hospital.

NACIMIENTOS MÚLTIPLES

Mary Jane, una cruza de gran danés y bulldog americano de Joanne Hine, de la Isla de Man, dio a luz de forma natural una camada de 21 cachorros.

SUPERPOPÓ

Una ballena azul puede expulsar hasta 200 litros de excremento en una sola gigantesca evacuación.

CABALLO PASAJERO

Un caballo que se encontró suelto entre el tráfico en Cardiff, Gales, fue atrapado por unos transeúntes, que lo subieron en un autobús urbano. El conductor del autobús prestó su vehículo cuando los policías dijeron que tardarían en conseguir un remolque para caballos. Luego, llevaron al caballo en un viaje de cinco minutos en autobús para reunirlo con sus dueños en un estacionamiento.

ARRUGAS ÚTILES

La rana de agua del Titicaca en América del Sur está cubierta de piel arrugada. Esta característica ayuda a este anfibio completamente acuático a absorber oxígeno de las aguas gélidas y de gran altitud del lago Titicaca, ubicado entre Bolivia y Perú. Se ha observado que esta peculiar especie hace "flexiones" bajo el agua para que le llegue más oxígeno entre los pliegues de sus arrugas. Lamentablemente, las poblaciones de ranas de agua del Titicaca se están reduciendo a un ritmo alarmante, debido en parte a la destrucción de su hábitat.

GRAN TRAGO

Una ballena jorobada obtuvo más de lo que esperaba cuando accidentalmente atrapó a un lobo marino mientras se alimentaba en Monterey Bay, California, EE. UU.

Por suerte para el lobo marino, las ballenas jorobadas se alimentan por filtración y no les interesa comer nada que mida más de unos cuantos centímetros. El fotógrafo que capturó este momento, Chase Dekker, confirmó que el lobo marino logró salir de la boca de la ballena.

Una ballena jorobada puede llegar a medir más que un autobús; sin embargo, su esófago tiene aproximadamente el mismo ancho que un melón.

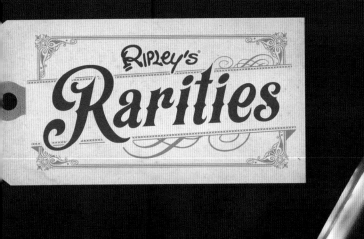

Pieza de Ripley
Núm. cat. 175119

MEDALLA OLÍMPICA DE ATENAS

Medalla de bronce de los primeros Juegos Olímpicos modernos, que se celebraron en Atenas, Grecia, en 1896, como homenaje a sus orígenes. El frente muestra a Zeus sosteniendo a Nike, la diosa de la victoria.

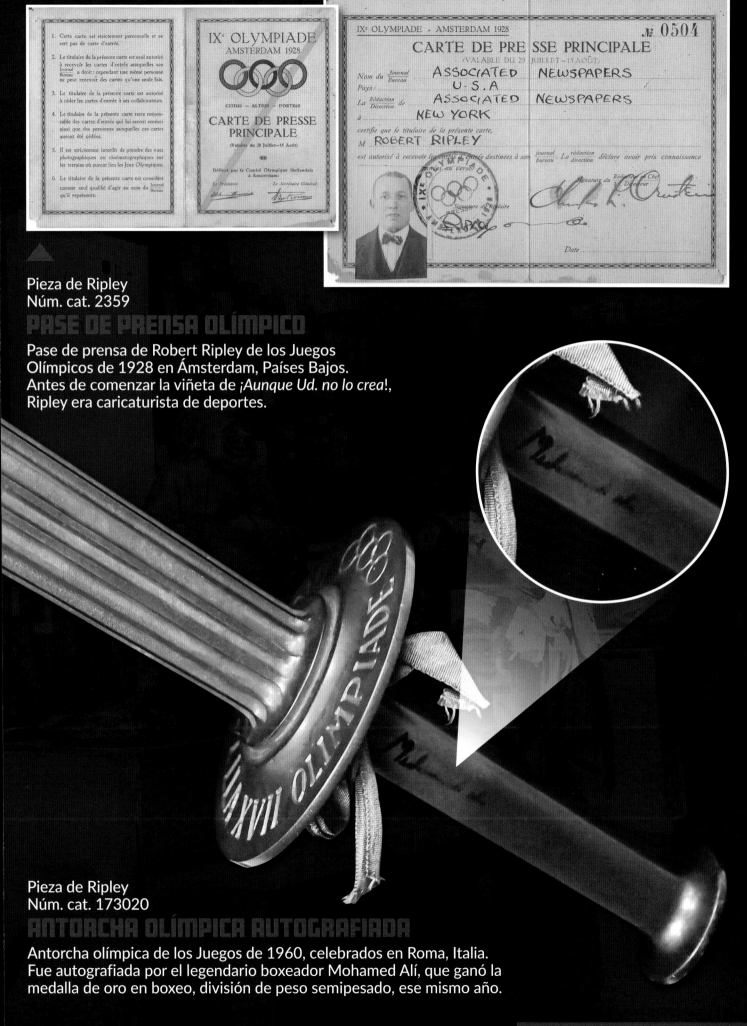

Pieza de Ripley
Núm. cat. 2359

PASE DE PRENSA OLÍMPICO

Pase de prensa de Robert Ripley de los Juegos
Olímpicos de 1928 en Ámsterdam, Países Bajos.
Antes de comenzar la viñeta de ¡*Aunque Ud. no lo crea*!,
Ripley era caricaturista de deportes.

Pieza de Ripley
Núm. cat. 173020

ANTORCHA OLÍMPICA AUTOGRAFIADA

Antorcha olímpica de los Juegos de 1960, celebrados en Roma, Italia.
Fue autografiada por el legendario boxeador Mohamed Alí, que ganó la
medalla de oro en boxeo, división de peso semipesado, ese mismo año.

MOHAMED ALÍ

Believe It or Not! BIO

Es bien sabido que Mohamed Alí fue uno de los boxeadores más talentosos y famosos del mundo.

En el transcurso de dos décadas, ganó 56 peleas y perdió solo cinco. También acuñó una de las citas más icónicas en la historia del deporte: "Flota como una mariposa, pica como una abeja". Y aunque se sabe mucho sobre esta leyenda del boxeo, ¡hay algunas cosas que aún podrían sorprender!

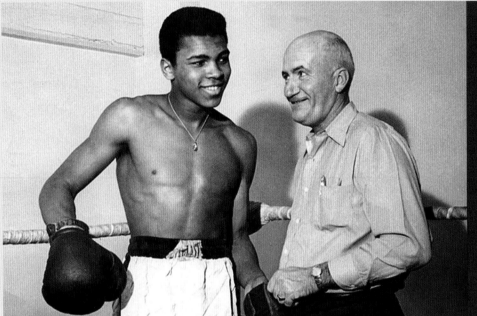

Por una bicicleta

Mohamed Alí, cuyo nombre original fue Cassius Marcellus Clay Jr., creció en Louisville, Kentucky, EE. UU. Cuando tenía 12 años, alguien le robó su bicicleta Schwinn roja. Clay denunció el robo al oficial de policía local Joe E. Martin.

El chico estaba tan furioso, que juró "darle una paliza" al ladrón. A pesar de la belicosidad de sus palabras, Clay no tenía experiencia real peleando. El oficial Martin, que también era entrenador de boxeo, le sugirió al joven que aprendiera a boxear antes de enfrentarse al ladrón. Clay aceptó la sugerencia y unas semanas después ganó su primera pelea por decisión dividida.

Medalla perdida

En 1960, el equipo de boxeo de EE. UU. seleccionó a Alí para los Juegos Olímpicos de Roma. El boxeador de 18 años tenía miedo de volar, pero su entrenador, Joe Martin, lo convenció diciéndole que la única forma de convertirse en campeón de peso pesado era participar en las Olimpiadas. Alí compitió en la división de peso semipesado y le ganó a Zigzy Pietrzykowski, que tenía más experiencia, lo que le valió una medalla de oro.

Aunque Ud. no lo crea, nadie sabe dónde está la medalla de oro original de Alí. Según una leyenda urbana, la arrojó al río Ohio después de que no lo dejaron entrar en un restaurante por ser negro, pero Alí nunca confirmó esta historia y hasta dijo: "Nunca supe qué hice con esa medalla". Sin embargo, todo terminó bien. Recibió una medalla de reemplazo durante los Juegos Olímpicos de Atlanta en 1996, donde también encendió la Llama Olímpica.

El musical de Alí

Cuando no boxeaba, Alí enfocaba sus energías en algo totalmente diferente: ¡la actuación y el canto! Apareció en la producción de Broadway *Buck White* en 1969, en la ciudad de Nueva York. Alí era amigo del actor y productor Ron Rich y con frecuencia pasaba tiempo con el elenco tras bambalinas. Cuando demostró su habilidad para el canto, el productor Zev Buffman quedó impresionado y decidió incluir a Alí en el espectáculo y convertirlo en un musical.

"Me sorprendió su talento como cantante: su voz era tan llamativa como su encanto como boxeador", dijo Buffman al New York Times en 2019. Desafortunadamente, el show no tuvo éxito entre el público y concluyó apenas cuatro días después del debut. No está claro cuál fue la causa, pero es una nota al pie interesante en la carrera de Alí.

Libro gordo

En 2003, la editorial alemana de libros de arte Taschen publicó 10 000 ejemplares de *GOAT: A Tribute to Muhammad Ali*. El libro contiene 3000 imágenes y 600 000 palabras. Pesa 34 kg y las primeras 1000 copias firmadas se pusieron a la venta en 7500 USD.

La Champ's Edition cuesta un poco más: alrededor de 15 000 USD. Sin embargo, estos libros de lujo se venden con una escultura de Jeff Koons y están firmados tanto por el artista como por el propio Alí. Hoy es posible obtener el libro original con el editor, con un gran descuento de 6000 USD.

COMIENZO TEMPRANO

La hija de Jay-Z, Blue Ivy, apareció en su canción "Glory" cuando tenía apenas dos días de nacida. La canción comienza con el primer latido de su corazón e incluye una muestra de su llanto al final.

DE PASTOR A DANÉS

En lugar de un gran danés, Scooby-Doo iba a ser un perro pastor llamado "Too Much" (demasiado). El nombre "Scooby-Doo" se tomó de la línea que Frank Sinatra tararea en la canción "Extraños en la noche".

ARTE MECANOGRAFIADO

James Cook, de Essex, Inglaterra, crea retratos y paisajes usando las teclas de cinco máquinas de escribir antiguas, algunas de las cuales datan de la década de 1950. Puede tardar hasta 30 horas en mecanografiar un dibujo de celebridades como el actor Tom Baker, que hizo el papel de *Doctor Who*, o Tom Hanks; siempre empieza por los ojos (que son la parte más difícil). Usa el símbolo de arroba @ para sombrear, porque tiene la superficie más grande.

Cuando la rapera estadounidense Cardi B mencionó a su dentista en la canción "Bodak Yellow", los fans buscaron a la Dra. Catrise Austin en la ciudad de Nueva York y sus clientes se triplicaron.

EFECTOS DE SONIDO

El diseñador de sonido y actor de voz Ben Burtt creó una biblioteca de 2400 sonidos para el robot principal de *WALL-E*. Entre ellos estaba Burtt estornudando con una aspiradora encendida (para los estornudos de WALL-E), el obturador de una cámara (para los movimientos de cejas de WALL-E) y el sonido de autos chocando en un derby de demolición (para cuando WALL-E comprime basura).

RETRATOS DE CAFÉ

La artista española Nuria Salcedo crea increíbles retratos de celebridades de Hollywood, como Eddie Redmayne y Jared Leto, pintando con café. Empezó a dibujar con lápices tradicionales, pero descubrió que el café era un medio mucho mejor. Para lograr diferentes tonos en su obra, agrega varias capas de café.

BATERISTA MANCO

Rick Allen sigue tocando la batería con la banda de rock Def Leppard a pesar de que en 1985 le amputaron el brazo izquierdo.

NO ES COSA DE RISA

Un investigador de hienas demandó a Disney por "difamación de carácter" por su representación de estos animales como villanos en *El Rey León*.

YUNQUES MUSICALES

El oro del Rin de Richard Wagner tiene partes musicales para 18 yunques de metal, nueve pequeños, seis medianos y tres grandes, afinados con tres octavas de diferencia.

¡HENOS AHÍ!

Beth Bays de Huddleston, Virginia, EE. UU., rindió homenaje al legendario cantante de country Willie Nelson con una estatua de heno de 4.5 m de altura. La obra, titulada "Will-Hay Nelson", incluye las características coletas y la guitarra de Nelson. Bays ha realizado otras obras maestras de heno, incluidas figuras inspiradas en *El mago de Oz* y la mascota de la universidad Virginia Tech, HokieBird.

Un anónimo departamento de la ciudad de Barcelona, España, alberga un tesoro del aficionado a la ciencia ficción Luis Nostromo: un homenaje a Ridley Scott.

El entusiasta de *Alien*, de 43 años, se ha esforzado de manera increíble para honrar las películas clásicas, recreando partes del laboratorio de Ash, en la nave auxiliar *Narcissus*. También recreó el pasillo en el que los *marines* y Ripley descubrieron a Newt en *Aliens*, parte del complejo Hadley's Hope. Además de reconstruir naves espaciales de la franquicia de Scott, Nostromo también cuenta con una impresionante colección de accesorios originales y réplicas que complementan la decoración.

unas tiras pegajosas de seda que producen sus cuerpos. Inspirado por esta increíble adaptación, el artista francés Hubert Duprat ha usado a estos insectos desde principios de la década de 1980 para crear joyas. En lugar de grava, les da a las larvas perlas, metales y piedras preciosos, y permite que el proceso artístico siga su curso.

Los insectos pueden construir con casi cualquier material, como lo demuestran estas creaciones de oro y perlas.

ANIMALES ENDÉMICOS

Hay unas 100 especies de animales que solo se pueden encontrar en la isla de Borneo, incluidos los monos nariguidos, los leopardos nebulosos de Borneo, los orangutanes de Borneo y los elefantes pigmeos de Borneo.

ESCALERAS PARA GATOS

Los residentes de muchas ciudades y pueblos suizos han creado una red de escaleras y rampas construidas en los muros exteriores de edificios de departamentos para que sus gatos puedan pasear libremente.

ARTISTA DEL ESCAPE

Quilty, un gato de un refugio de animales en Houston, Texas, EE. UU., es tan hábil para abrir puertas que el centro tuvo que instalar nuevas medidas de seguridad para evitar que liberara a los demás gatos.

CACHORRO DIMINUTO

A los seis meses y medio de edad, "Piolín", un cachorro chihuahueño propiedad de Vanesa Semler de Kissimmee, Florida, EE. UU., pesaba apenas 170 g y medía solo 6.5 cm de altura y 6 cm de largo.

LORO GIGANTE

El *Heracles inexpectatus*, una especie de loro que vivió en Nueva Zelanda hace 19 millones de años, pesaba más de 7 kg y medía 1 m de altura, más de la mitad de la estatura promedio de un ser humano.

SERPIENTES EN CELO

El día anterior al Día de San Valentín de 2020, una sección de un parque en Lakeland, Florida, EE. UU., se cerró al público después de que un gran número de serpientes de agua no venenosas se reunieron allí para aparearse.

AMO DEL MUSGO

El camuflaje tridimensional de la rana musgo de Vietnam es la versión del reino animal del camuflaje de los cazadores. Aunado a su habilidad para proyectar su voz como un ventrílocuo, pocos anfibios han dominado mejor el arte del disfraz. Según los científicos, la rana puede producir llamados que suenan como si se originaran hasta a 4 m de distancia de donde realmente está. Esto hace que sean casi imposibles de encontrar en la naturaleza. Y cuando estos montones de vegetación en movimiento se asustan, se enrollan y se hacen los muertos, desconcertando aún más a los depredadores potenciales.

MUDANZA MOVIDA

¡Cientos de cabras blancas surcaron los cielos sobre el Parque Nacional Olympic en Washington, EE. UU., como parte de un proyecto de reubicación masiva para evitar que acosen a los excursionistas por su orina y sudor salado!

Las cabras se convirtieron en una molestia cuando sus ansias de sal y minerales las llevaron a los campamentos para lamer las aguas residuales de la cocina, así como la orina y el sudor humanos.

Las tripulaciones de los helicópteros sobrevolaron áreas remotas, sedaron a los ágiles animales desde el aire y luego los embolsaron para llevarlos a los puntos de recepción. Allí, los biólogos se ocuparon de los preparativos de la reubicación. Dado que estas cabras pesan hasta 136 kg, la operación tuvo sus riesgos. A pesar de todo, cientos de cabras volvieron a North Cascades, su entorno nativo, donde abundan las salinas naturales, lo que elimina la necesidad de acosar a los humanos.

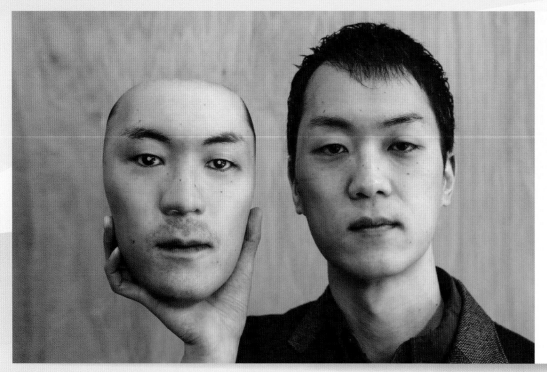

CARA A CARA

El proyecto "Esa cara" de Shuhei Okawara utiliza fotos y datos 3D para crear máscaras hechas a mano increíblemente realistas. Vende estas extrañas creaciones en su tienda Kamenya Omote de Tokio y en línea, donde se pueden comprar por más de 98 000 yenes. Más de 100 personas enviaron sus rostros a Okawara para que los hiciera máscaras. Terminó por elegir el rostro de un hombre de Tokio de treinta y tantos años, y tiene planes de agregar más a su línea realista.

ESTRELLA MUPPET

¡El primer Muppet famoso en EE. UU. no fue la rana René, sino el perro Rowlf! Rowlf se unió al *The Jimmy Dean Show* en 1963 y pronto comenzó a recibir más de 2000 cartas de admiradores a la semana. ¡Más que el propio Dean!

MUÑECO ESPELUZNANTE

Originalmente, Woody, de *Toy Story*, iba a ser un muñeco de ventrílocuo parlante, pero los ejecutivos de los estudios pensaron que sería demasiado aterrador y lo cambiaron a un vaquero parlante.

CANTATA DE CAFÉ

El compositor alemán Johann Sebastian Bach escribió una miniópera, *Schweigt stille, plaudert nicht* ("Quédate quieto, deja de parlotear"), sobre la adicción al café. El propio Bach era adicto al café y bebía hasta 30 tazas al día.

ESCULTURA EN PAPEL

Los estudiantes del club de Bellas Artes de la Universidad de Indiana en South Bend crearon una escultura de papel maché de 4.3 m de altura con tarjetas de comentarios viejas de Martin's Super Markets y 273 litros de engrudo.

CAMEO DE LA BANDA

No Doubt hizo un cameo de fondo en el episodio "Homerpalooza" de *Los Simpson*, gracias a una relación familiar. El hermano mayor de Gwen Stefani, Eric, era uno de los animadores del programa en ese entonces, por lo que agregó a la banda en la escena.

CONJUNTO ICÓNICO

El icónico atuendo de cuero negro que usó Olivia Newton-John en la película *Vaselina* de 1978 se vendió en más de 500 000 USD en una subasta en Los Ángeles en 2019.

CORAZÓN DE PIEDRA

En la frontera entre Brasil y Uruguay, los mineros de Uruguay Minerals desenterraron una impresionante geoda con forma de corazón. Varios mineros estaban teniendo problemas para excavar una nueva veta cuando rompieron una gran roca y revelaron la característica geológica única que haría sonrojarse a Cupido.

BOCA MUSICAL

El constructor sueco Love Hultén creó un instrumento musical surrealista ¡con 25 dientes de plástico que castañetean!

Cada vez que se oprime una tecla del llamado VOC-25, la boca correspondiente se abre de par en par y canta una nota digital. Hultén puede alterar el sonido de las voces haciendo girar las perillas de la consola para lograr desde un coro celestial hasta gritos demoníacos, todo ello acompañado del chasquido de los dientes al abrirse y cerrarse. Aunque Ud. no lo crea, Hultén no fue el primero en construir algo así. Se inspiró en la inventora Simone Giertz, que construyó una máquina similar basada en la novedosa idea de que grandes grupos de personas podían repiquetear con los dientes como alternativa a aplaudir.

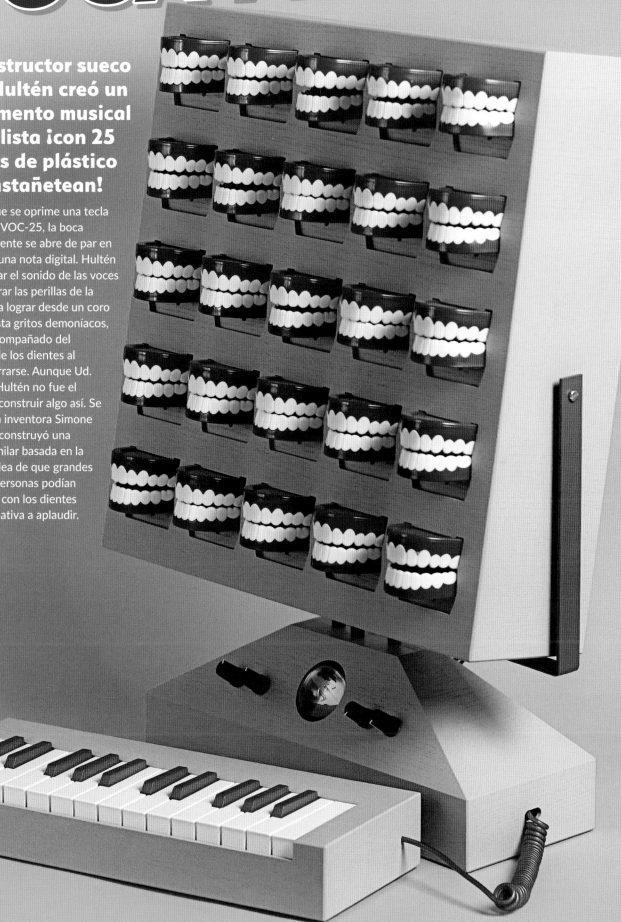

EFECTO MARIPOSA

Con mano delicada, la artista Fiona Parkinson crea figuras con las alas de mariposas y las reacomoda para crear una impresionante serie de obras de arte que llamó *Disectología de insectos*.

El trabajo de Parkinson combina taxidermia tradicional y métodos de preservación con técnicas y herramientas modernas para elaborar sus piezas. Corta las alas de especímenes de mariposas en formas y patrones frágiles, creando caprichosos homenajes a la naturaleza, la vida y la muerte. Para realizar sus diseños ultraprecisos, utiliza una técnica de preservación única. Si bien no revela los detalles exactos de su proceso, Parkinson aceptó hablar con Ripley para satisfacer nuestra curiosidad en otros aspectos.

Terriblemente bella combina una de las mariposas favoritas de Parkinson, la morfo azul gigante, con uno de sus temores: ¡una tarántula!

P: ¿Qué es la _Disectología de insectos_ y qué significa para usted?

R: Un "disectólogo" es alguien que disfruta creando y resolviendo rompecabezas. La temática de mi trabajo en sí es muy personal; tiene que ver con mis propias experiencias. Descubrí que crear algo parecido a un rompecabezas me permitía expresar el viaje en busca de mí misma para resolver el rompecabezas de mi vida. Lo que es más, aprendí que usar especímenes reales agregaba valor emocional a mi trabajo y, dado que gran parte de este tiene su origen en laboratorios de ciencias en un entorno universitario, así fue como nació _Disectología de insectos_.

P: ¿Cómo obtiene los insectos?

R: Los taxidermistas obtienen sus especímenes de todas partes, pero casi todos los míos provienen de proyectos de conservación establecidos para ayudar a proteger las poblaciones naturales. Al permitir que la población local críe especies endémicas de su región se les proporciona una fuente de ingresos y se reduce la caza furtiva y la destrucción del medio ambiente natural.

P: ¿Su proceso de preservación hace que sea más fácil trabajar con los insectos o son tan delicados como parecen?

R: Las mariposas y las polillas son *muy* frágiles; de hecho, ¡es casi imposible tocarlas sin dañarlas!

Mientras desarrollaba la *Disectología*, esto no me preocupaba, ya que estaba haciendo las piezas para mí. Ahora que tengo la suerte de enviar algunas de mis obras a todo el mundo, he tenido que desarrollar técnicas para hacerlas más resistentes, pero para mí es muy importante que mantengan una sensación de fragilidad, porque esta es una característica importante del arte.

P: ¿Cómo se montan y exhiben sus piezas?

R: El montaje es desafiante, aunque en realidad solo se necesita pegamento y alfileres. Pongo los alfileres en una tabla de espuma y luego pego con mucho cuidado los pedacitos de alas con los dedos y pinzas, ¡mientras contengo la respiración!

P: ¿Cuáles son sus especies favoritas de mariposas y polillas?

R: Creo que tendría que decir que mi mariposa favorita es la morfo azul, en concreto la *Morpho menelaus zischkai*. Su color es impresionante y su estructura es tan compleja, que los científicos las están estudiando para desarrollar hologramas que no puedan falsificarse.

En cuestión de polillas, mi favorita es la polilla esfinge de la muerte. Se hicieron famosas (¡y aterradoras!) en *El silencio de los inocentes*, pero en realidad son criaturas muy lindas y suaves cuando se miran de cerca.

¡MARIPOSA DE VERDAD!

NGC 6302 lleva el nombre de la Nebulosa de la Mariposa y se creó usando la mariposa luna de Madagascar.

Weathervein está hecho con dos especies diferentes de mariposas morfo: la morfo luna y la morfo azul.

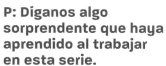

P: Díganos algo sorprendente que haya aprendido al trabajar en esta serie.

R: Cuando se trabaja con estos especímenes, es difícil no sorprenderse por su belleza y diversidad todos los días, ¡y sigo descubriendo cosas nuevas! Hace poco los miré por primera vez con cámaras de microscopio y me di cuenta de que en algunas de las mariposas que uso, ¡el azul está hecho de escamas diminutas mientras que el negro está hecho de pelos!

Ah... y todavía les tengo miedo a las arañas ¡y tengo pesadillas de que cobran vida (y las mariposas también)!

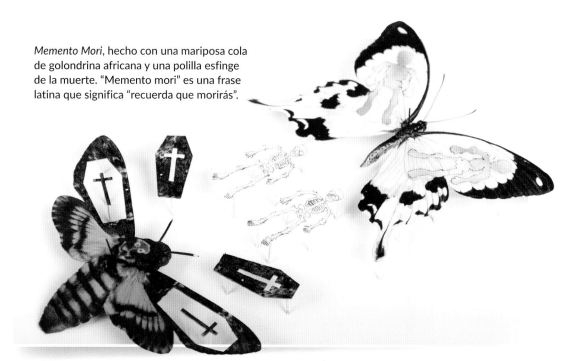

Memento Mori, hecho con una mariposa cola de golondrina africana y una polilla esfinge de la muerte. "Memento mori" es una frase latina que significa "recuerda que morirás".

> **"Las mariposas y las polillas son muy frágiles; de hecho, ¡es casi imposible tocarlas sin dañarlas!"**

Metamorfosis, creado usando la mariposa gigante *Papilio cresphontes*, casi toda negra.

1 Bladen Pietro

Bladen Pietro es un YouTuber cuyo canal se centra en los juegos y los viajes. Nació con osteogénesis imperfecta, o "enfermedad de los huesos quebradizos", y se ha fracturado más de 200 huesos. Pero Pietro, conocido como Bastrin en línea, vive la vida sin miedo y es una inspiración para sus casi 600 000 suscriptores.

👍 INFLUENCIA POSITIVA

El mundo de las redes sociales ha creado oportunidades sin precedentes para que personas de todos los ámbitos de la vida interactúen entre sí.

Presentamos aquí a algunas de las muchas personalidades de Internet que usan sus plataformas para marcar una diferencia positiva.

2 Lucy Edwards

Lucy Edwards es una vloguera de estilo de vida y activista de discapacidades. Tiene un padecimiento genético conocido como incontinencia pigmentaria, que hizo que su vista fuera empeorando hasta quedar totalmente ciega a la edad de 17 años. Volvió a aprender a maquillarse y escribió un libro titulado *The Blind Beauty Guide* (Guía de la belleza ciega) para ayudar a otras mujeres ciegas.

4 Hajra Khan

Hajra Khan es capitana de la selección femenina de futbol de Paquistán. En Twitter, aboga por las mujeres en los deportes, expresa los desafíos de ser una atleta y promueve la importancia del cuidado de la salud mental.

3 Helena Gualinga

Helena Gualinga es una activista de derechos indígenas y cambio climático de 17 años que creció en la Amazonía ecuatoriana. En su cuenta de Instagram, comparte historias sobre su comunidad y pone fotos que muestran el impacto negativo del cambio climático en la selva amazónica.

5 Theland Kicknosway

Theland Kicknosway, también conocido como @the_land, usa su plataforma en TikTok para hablar de la cultura y los problemas de las poblaciones nativas de Canadá. Pertenece al clan Wolf, de la nación Potawatami y Cree, y es miembro de la isla Walpole, territorio Bkejwanong, en el sur de Ontario. Durante los últimos siete años, ha ayudado a organizar un maratón de recaudación de fondos para crear conciencia sobre las mujeres y niñas indígenas desaparecidas y asesinadas (MMIWG).

MAS GRANDES QUE...

También es orador motivacional. Alienta a las personas a ser "más grandes que" sus obstáculos.

Zion Clark de Massillon, Ohio, EE. UU., se ha propuesto convertirse en el primer atleta en ganar una medalla en los Juegos Olímpicos y Paralímpicos, ¡en el mismo año!

Zion nació sin piernas debido al síndrome de regresión caudal, una malformación rara que afecta a 1 de cada 100 000 recién nacidos. Enfrentó la incertidumbre y *bullying* en su infancia, pero se hizo un lugar en el mundo de la lucha. En la preparatoria, compitió contra luchadores sin discapacidad ¡y casi se clasificó para el Campeonato de lucha del estado de Ohio! También participó en carreras estatales de sillas de ruedas. Ahora va a la universidad Kent State, donde está en el equipo de lucha, y está entrenando para participar en los Juegos Olímpicos (como luchador) y en los Juegos Paralímpicos (como corredor en silla de ruedas).

ARCHIVOS "DIGITALES"

LA "FÁBRICA DE HUELLAS DACTILARES" DENTRO DEL D.C. ARMORY.

Además de su lista de los más buscados, el FBI tiene archivos sobre gente famosa. Celebridades como Lucille Ball, Truman Capote y Marilyn Monroe tienen su archivo.

ARTEFACTOS DE CAFETERÍA

Richard Gutman de Allentown, Pensilvania, EE. UU., pasó 48 años coleccionando artefactos relacionados con los *diners* estadounidenses, incluidos menús, cajas de cerillos, palillos de dientes, postales y más de 7000 fotografías.

PASEO EN RUEDA

Rich Flanagan le dio vueltas a la pista en la escuela secundaria Lindale en Linthicum, Maryland, EE. UU., durante 4 horas y 10 minutos, solo sobre la rueda trasera de su bicicleta. Recorrió 80.8 km y solo se detuvo cuando una ráfaga de viento repentina le hizo perder el equilibrio.

BALSA DE BOLSAS

En 2014, un grupo de estudiantes de Corea del Sur protestó contra la cantidad de aire que se encuentra en los paquetes de papas fritas construyendo una balsa con 160 bolsas sin abrir y remando en ella 1.3 km en el río Han.

AROS EN LLAMAS

Casey Martin, del dúo KamiKaze FireFlies, hizo girar cinco aros de ula ula en llamas, con un total de 20 cabezas de antorcha encendidas alrededor de su cuerpo al mismo tiempo en el Ohio Renaissance Festival el 29 de septiembre de 2019.

FIDEO ESTIRADO

El chef japonés Hiroshi Kuroda preparó un solo fideo de huevo de 184 m de largo, el doble de la longitud de una cancha de futbol. Remojó el fideo en aceite de sésamo antes de cocinarlo para evitar que se rompiera.

COLECCIÓN SOMBREADA

Lori-Ann Keenan de Vancouver, Columbia Británica, Canadá, tiene una colección de más de 2000 pares de anteojos de sol.

VIDA DE ALTURA

Vernon Kruger pasó 78 días, 23 horas y 14 minutos viviendo en un barril de vino de 600 litros colocado sobre un poste de 25 m de altura en Dullstroom, Sudáfrica. Sobrevivió con comida y agua que le subían con una polea, pero su hazaña casi termina en tragedia cuando un rayo golpeó el costado del barril. Cuando finalmente decidió bajar en febrero de 2020, lo retiraron de su percha en helicóptero. En 1997, Vernon pasó 67 días sentado en lo alto de un poste.

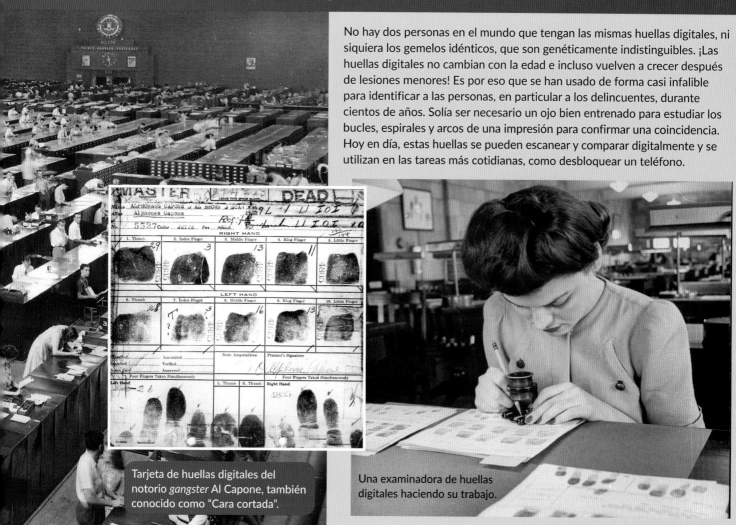

A finales de la Segunda Guerra Mundial, la Oficina Federal de Investigaciones (FBI) de Estados Unidos tenía una base de datos física de más de 10 millones de huellas digitales: ¡los archiveros ocupaban un área más grande que una cancha de futbol!

No hay dos personas en el mundo que tengan las mismas huellas digitales, ni siquiera los gemelos idénticos, que son genéticamente indistinguibles. ¡Las huellas digitales no cambian con la edad e incluso vuelven a crecer después de lesiones menores! Es por eso que se han usado de forma casi infalible para identificar a las personas, en particular a los delincuentes, durante cientos de años. Solía ser necesario un ojo bien entrenado para estudiar los bucles, espirales y arcos de una impresión para confirmar una coincidencia. Hoy en día, estas huellas se pueden escanear y comparar digitalmente y se utilizan en las tareas más cotidianas, como desbloquear un teléfono.

Tarjeta de huellas digitales del notorio *gangster* Al Capone, también conocido como "Cara cortada".

Una examinadora de huellas digitales haciendo su trabajo.

PISOS DE VINILO

El vinilo es una opción popular para pisos, pero los discos de vinilo generalmente se reservan para el tocadiscos. Sin embargo, este no es el caso de Sonia Barton de Derbyshire, Inglaterra, que no pudo encontrar ningún mosaico que combinara con su vibrante personalidad, por lo que hizo el suyo ¡reciclando docenas de discos, miles de botones con forma de flor y algunas monedas!

Pieza de Ripley
Núm. cat. 174585

CALAVERA DE CASTOR

El castor es el roedor más grande de América del Norte; tiene dientes que nunca dejan de crecer, y los desgasta masticando árboles para sus represas.

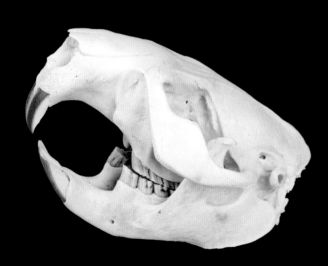

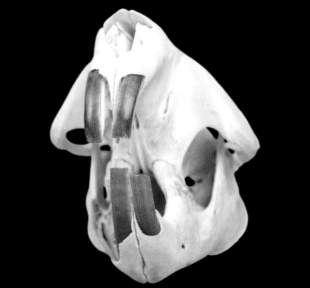

Pieza de Ripley
Núm. cat. 16065

COLLAR DE DIENTES DE MURCIÉLAGO

Está hecho con dientes de zorro volador, uno de los
murciélagos más grandes de la Tierra.

Pieza de Ripley
Núm. cat. 174293

MANDÍBULA DOBLE

Pejelagarto que nació con
una mandíbula inferior
dividida, con cuatro filas
de dientes. El pez recibe
su nombre por su boca
larga, dientes afilados y
escamas duras.

FAN FEED

PARA LLEVAR

¡Noah Sheidlower de Great Neck, Nueva York, EE. UU., compartió con nosotros su impresionante colección de más de 6000 menús para llevar! Comenzó a coleccionarlos cuando tenía 12 años, cuando guardó el menú de un restaurante de empanadas, que todavía tiene, y ahora va a la Universidad de Columbia. Ha reunido menús de unos 20 estados de EE. UU. y países tan lejanos como Israel. Nos dice que está en el proceso de clasificar los menús en una hoja de cálculo y cree que hay al menos 70 u 80 cocinas diferentes representadas en su colección, ¡incluida la fusión coreana-uzbeka!

Alice Pang de Hong Kong comenzó a trabajar como modelo a los 93 años y desde entonces ha realizado sesiones de fotos para marcas de prestigio como Gucci y Valentino.

MAYONESA EXPRÉS

A pesar de que solo pesa 50 kg, la comedora competitiva Michelle Lesco, de Tucson, Arizona, EE. UU., puede comer tres frascos y medio de mayonesa en solo tres minutos.

CARROZA DE LOS HORRORES

El artista Karl Claydon de Murwillumbah, Australia, pasó 10 meses transformando una vieja carroza fúnebre Ford Falcon 1983 en una casa móvil de los horrores, con todo y ventanas góticas y espeluznantes escenas de cementerio a medianoche con un ataúd que sobresale del suelo y arañas trepando sobre lápidas rotas. Utiliza el castillo transilvano sobre ruedas no solo para transportar sus obras, sino también para llevar a su madre a la iglesia o al consultorio médico.

TARJETAS DE BEISBOL

Paul Jones de Idaho Falls, Idaho, EE. UU., comenzó a coleccionar tarjetas de beisbol hace más de 25 años y ahora tiene más de 2.7 millones.

MÉDICO MAYOR

En 2019, Christian Chenay todavía trabajaba como médico y trataba a pacientes en Chevilly-Larue, Francia, a los 98 años. Comenzó a trabajar en 1951.

FESTÍN DE TOCINO

En solo 25 minutos, la bloguera gastronómica británica Kate Ovens se comió "The Baconator", un hot dog con capas de queso y tocino de 0.9 m de largo, más de la mitad de su estatura.

COLECCIÓN DE DEDALES

Gladys Minter de Hampshire, Inglaterra, ha reunido casi 27 000 dedales desde 1980. Tiene dedales de madera, caucho, cuero, peltre y estambre, incluido uno con un invernadero en miniatura en la punta.

ACRÓBATA DE CABEZA

El acróbata chino Li Longlong subió 36 escalones mientras se balanceaba sobre su cabeza. Hizo el ascenso haciendo rebotar la cabeza de un escalón al siguiente, sin tocar los escalones con nada más que su cabeza.

RODILLAZOS

Aashman Taneja, de cinco años de edad, de Hyderabad, India, dio más de 1200 golpes de rodilla de tae kwon do de contacto pleno, con una pierna, en una hora.

NADO ÉPICO

En septiembre de 2019, la sobreviviente de cáncer Sarah Thomas de Conifer, Colorado, EE. UU., se convirtió en la primera persona en cruzar a nado el Canal de la Mancha cuatro veces sin parar; recorrió 208 km en 54 horas. Había planeado nadar unos 128 km, pero las fuertes corrientes entre Inglaterra y Francia la desviaron constantemente.

DULCE CIRUGÍA

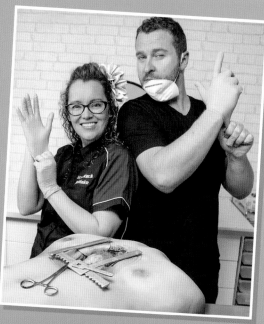

Nina y John Blackburn de Auckland, Nueva Zelanda, hicieron un pastel de cirugía "de infarto" para su hospital local.

La dulce y sangrienta creación de los Blackburn es un pastel de chocolate relleno de trufa de avellana. La cubierta de ganache de avellana de esta obra maestra de color carne refleja el uso de la decoración con aerógrafo. La mermelada de fresa diluida y el colorante de comida rojo le dan un toque macabro. Las caprichosas decoraciones incluyen un separador de costillas, tubos rellenos de rojo e instrumental quirúrgico de chocolate espolvoreado con pintura metálica comestible.

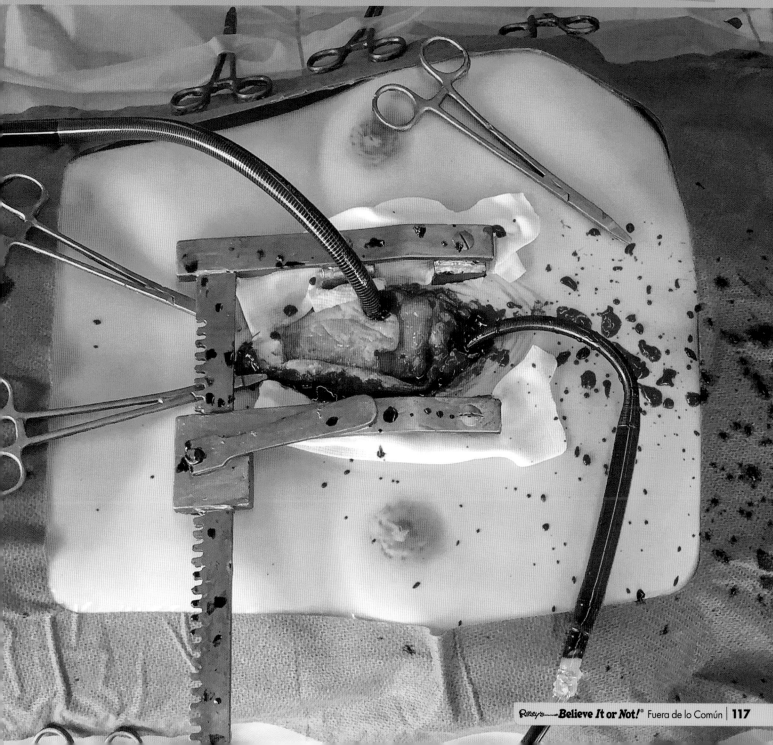

ONDAS HONDAS

No son extraterrestres de una película de ciencia ficción. ¡Son criaturas reales y viven en nuestros océanos!

El fotógrafo submarino y biólogo marino Simon Pierce de New Plymouth, Nueva Zelanda, capturó estos colores, normalmente invisibles para el ojo humano, utilizando una luz y un filtro especiales. Los tonos neón son el resultado de la biofluorescencia. A diferencia de la bioluminiscencia, en la que criaturas como las luciérnagas producen su propia luz, la biofluorescencia es cuando un organismo absorbe la luz y la vuelve a emitir en una longitud de onda diferente. Con un filtro amarillo, Pierce pudo eliminar la luz azul que por lo general es dominante para el ojo humano, y revelar esta característica única.

El equipo fotográfico de Pierce que se usó para capturar estas imágenes.

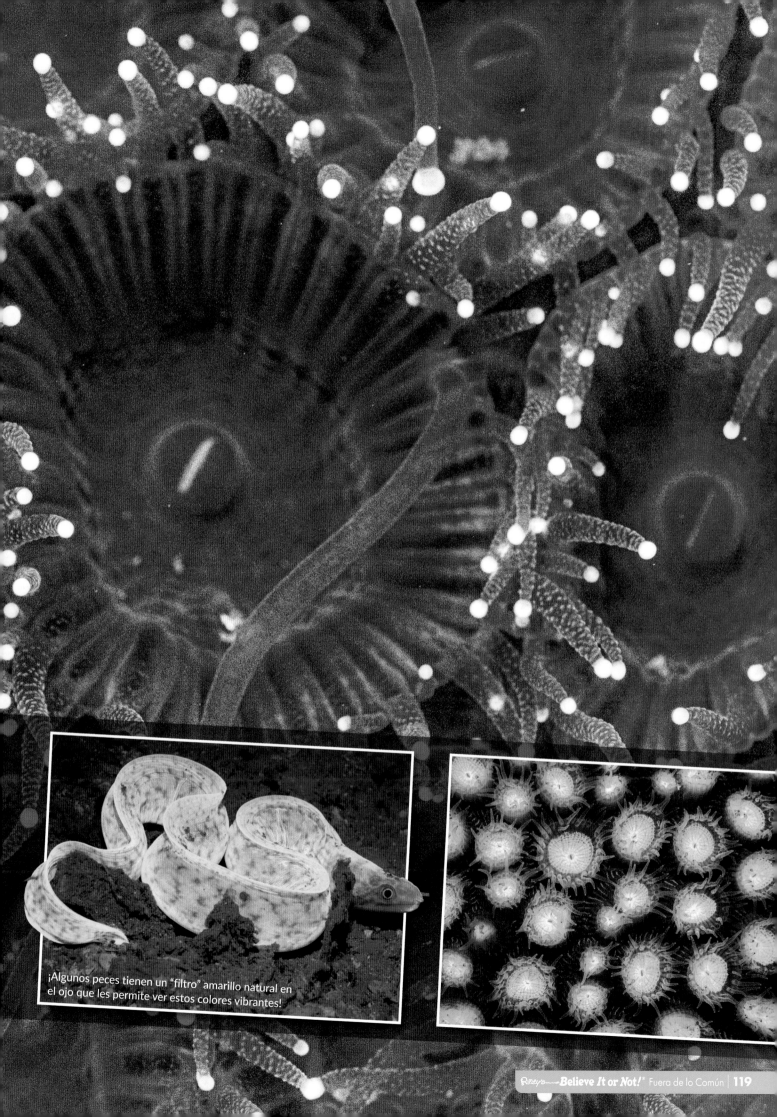

¡Algunos peces tienen un "filtro" amarillo natural en el ojo que les permite ver estos colores vibrantes!

BEBIDA ROSA

Muchos cafés y vendedores ambulantes en la región de Cachemira en el Himalaya venden un té de color rosa llamado kashmiri chai. Empieza como té verde, pero al agregar bicarbonato de sodio se vuelve de un guinda intenso. Luego se agrega hielo para preservar el color, y cuando se agrega leche, se vuelve de color rosa brillante. Aunque parece un batido de fresa, tiene un sabor salado.

FALTAN PALABRAS

No hay una palabra para "sí" o "no" en el idioma gaélico de Irlanda.

SOMBREROS DE CALABAZA

Los ilocanos del norte de Luzón, en Filipinas, usan sombreros hechos de calabazas. El sombrero, conocido como *tabungaw*, lo usan a menudo los agricultores para protegerse del sol mientras trabajan en los campos.

MOHO MARAVILLA

El moho mucilaginoso *Physarum polycephalum* no tiene cerebro, pero tiene casi 720 sexos. No tiene boca, estómago, patas ni ojos, pero puede detectar comida y digerirla. Si se corta por la mitad, ¡el *Physarum polycephalum* sana en dos minutos!

MUERTE ESTRECHA

Aunque tiene solo 25 km de largo y, en su mayor parte, menos de kilómetro y medio de ancho, la isla de Ocracoke en los *Outer Banks* frente a la costa de Carolina del Norte, EE. UU., tiene más de 80 cementerios.

MENÚ DE INSECTOS

The Insect Experience, un restaurante en Ciudad del Cabo, Sudáfrica, solo sirve comida hecha con insectos. El menú incluye frituras de polenta con oruga mopane, croquetas de garbanzo con larvas de mosca negra y gusanos de la harina secos. Fue concebido por Gourmet Grubb, una empresa que también produce un helado sin lácteos elaborado con larvas de mosca soldado negra.

ORIGEN DE LA PIZZA

La pizza hawaiana no se originó en Hawái, sino en Canadá. La creó Sam Panopoulos en 1962 para su restaurante, The Satellite, en Chatham, Ontario.

74 LETRAS

El alfabeto camboyano tiene 74 letras: 33 consonantes, 23 vocales y 12 vocales independientes. Las palabras de una oración se escriben en una línea larga y continua, sin espacios entre ellas.

CANCHA EN LA CUEVA

¡Los residentes de la aldea de Xinchun en China juegan baloncesto dentro de una enorme cueva! La decisión de construir una cancha dentro de la caverna kárstica nació de la necesidad de usar la tierra para cultivos. Gracias al aislamiento natural de la cueva, ¡la temperatura es agradable durante todo el año!

¡SALE ÁRBOL DE NAVIDAD!

Con el fin de crear una nueva tradición navideña, ¡el artista holandés Leon de Bruijne y el diseñador Willem van Doorn construyeron un cañón que dispara árboles de Navidad!

El *Kerstboomkanon*, o cañón de árboles de Navidad, usa aire a presión para disparar los abetos festivos por los aires en una ráfaga de agujas verdes, para deleite de los espectadores. ¡La distancia máxima que ha volado un árbol es de 64 m! Puesto que el cañón se ha utilizado cada temporada navideña desde 2016, está en camino de convertirse en una tradición anual.

En la década de 1920, los opositores a la ley seca de Estados Unidos simulaban el sabor del *bourbon* poniéndole ratas muertas al alcohol ilegal y dejándolas fermentar durante unos días.

ORO OLÍMPICO

La primera mujer estadounidense en ganar una medalla de oro olímpica fue Margaret Abbott, que ganó el torneo de golf femenino en París, en 1900. Pero en aquel entonces no tenía idea de que estaba compitiendo en los Juegos Olímpicos y vivió toda su vida sin saberlo (murió en 1955).

SANGUIJUELAS VIVAS

Un hombre en Longyan, China, que llevaba tosiendo dos meses sin parar, tenía una sanguijuela viva pegada en la garganta y otra en su fosa nasal derecha. Probablemente se las tragó al beber agua de un arroyo de la montaña.

NO MÁS HIJOS

Los médicos en Uganda le prohibieron a Mariam Nabatanzi tener más hijos. Para cuando tenía 36 años, ya había dado a luz a 44, incluidos cinco juegos de cuatrillizos, cinco de trillizos y cuatro pares de gemelos.

GEMELOS MILAGROSOS

Liliya Konovalova de Uralsk, Kazajstán, tuvo gemelos que nacieron con una increíble diferencia de 11 semanas, algo que ocurre una vez en 50 millones. Tiene un raro útero doble y dio a luz a una niña prematura, Liya, el 24 de mayo de 2019, y luego al hermano gemelo de Liya, Maxim, más de dos meses después, el 9 de agosto.

CUERNO DEL DIABLO

Unos cirujanos de Sagar, India, le quitaron a Shyam Lal Yadav un "cuerno de diablo" duro de 10 cm de largo que tenía en la parte superior de la cabeza. El cuerno sebáceo estaba hecho de queratina, la sustancia que se encuentra en las uñas y en el cabello, y llevaba creciendo cinco años después de que se golpeó la cabeza.

ENCÍAS PELUDAS

A una mujer en Italia le crece vello en las encías. Los vellos, parecidos a pestañas, le crecían tanto en la encía superior como en la inferior; los médicos se los quitaran en 2009, pero volvieron a aparecer seis años después. Se cree que esta rara afección (es solo el quinto caso que se conoce) es el resultado de un trastorno hormonal.

BOTELLA VIAJERA

El 14 de mayo de 1983, Jenny Brown, de 11 años, de Jonesport, Maine, EE. UU., arrojó al océano una botella con un mensaje y, 36 años después, un hombre que caminaba por la playa de Cape Cod, Massachusetts, la encontró enterrada en la arena.

PUEBLOS DIMINUTOS

A principios de la década de 1960, los pueblos británicos en miniatura, erigidos en muchas ciudades costeras, atrajeron a más de 60 millones de visitantes de todo el mundo. Los turistas tenían una vista a vuelo de pájaro de pueblos reales y ficticios, muchos de ellos muy detallados. Algunos de los primeros modelos de aldeas se remontan al Japón del siglo VII, cuando la emperatriz Suiko encargó un jardín diseñado como una representación del monte Sumeru. Hoy en día, la tradición sigue viva en modelos icónicos como Bekonscot en Beaconsfield, Buckinghamshire, que es el pueblo en miniatura más antiguo abierto al público de manera continua.

ROEDOR POTENTE

Durante la Segunda Guerra Mundial, los espías aliados crearon "bombas de ratas" con el fin de destruir fábricas alemanas.

En una historia en la que la realidad supera a la ficción, los científicos británicos de la década de 1940 rellenaron docenas de ratas muertas con mechas, detonadores y explosivos. Encargaron a la Resistencia francesa que pusiera estas alimañas con bombas en fábricas alemanas. Su esperanza era que los trabajadores de las fábricas echaran a las ratas muertas en sus hornos, provocando así explosiones masivas. Pero antes de que el plan pudiera causar estragos en la Francia ocupada por los nazis, los alemanes descubrieron el complot. Sin embargo, sí hizo que los alemanes perdieran tiempo para tratar de "exterminar" esta infestación de bombas.

FOCA GIGANTE

La artista Claire Eason de Nottinghamshire, Reino Unido, usó un rastrillo de jardín para crear una imagen de más de 90 m de largo de una foca en Beadnell Bay, Northumberland. Eason comenzó con un boceto y lo transformó en una imagen tan grande, que solo se puede ver desde arriba.

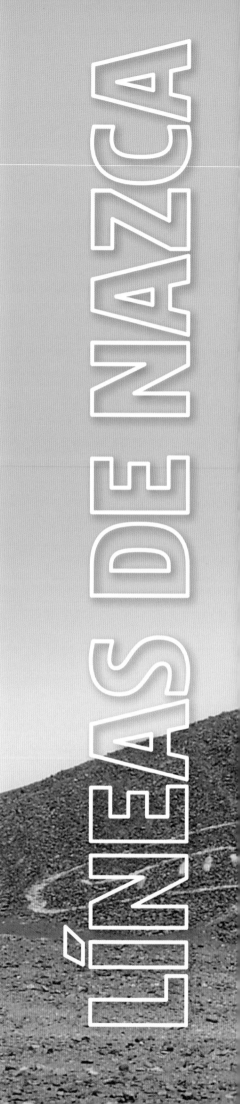

CHOCOLATOTE

Antes del Super Tazón LIV en 2020, Mars Wrigley dio a conocer una barra gigante de Snickers de 60 cm de alto y 70 cm de ancho en su planta de Waco, Texas, EE. UU. Contenía más de 545 kg de caramelo, cacahuate y nogada, además de casi 1600 kg de chocolate, y tenía el tamaño de 43 000 barras normales de Snickers.

POSTRE DE MOSTAZA

En 2019, para conmemorar el Día nacional de la mostaza en Estados Unidos, las empresas de alimentos French's y Coolhaus colaboraron para presentar un helado con sabor a mostaza.

IDIOMA OFICIAL

Aunque se ha utilizado en el gobierno y la educación durante más de un siglo, el sueco no se convirtió en el idioma oficial de Suecia sino hasta 2009.

INTERVENCIÓN DIVINA

A la estatua de *Cristo Rey* de 33 m de altura en Świebodzin, Polonia, se le instalaron antenas de Internet en su corona dorada en 2018 por motivos desconocidos, posiblemente para crear una red de vigilancia con video. Sin embargo, el obispo local ordenó que se quitaran las antenas, porque muchos feligreses las consideraban ofensivas.

CANGREJO DE LAS NIEVES

Un cangrejo de las nieves con un caparazón de 14.6 cm, que se capturó en Japón en 2019, se vendió en una subasta a un restaurante de Tokio por 46 000 USD.

ÚLTIMO HABLANTE

Tras la muerte de su hermana Wilma en 2017, Jessie Ross se convirtió en la última hablante de gaélico de East Sutherland, el idioma nativo de tres pueblos de pescadores en el noreste de Escocia: Brora, Golspie y Embo. Cuando la lingüista estadounidense Nancy Dorian comenzó a estudiar el dialecto en 1963, todavía había más de 200 hablantes.

PROHIBIDA LA NIEVE

Después de que cayeron 4.1 m de nieve en Syracuse, Nueva York, EE. UU., durante el invierno de 1991, el ayuntamiento de la ciudad aprobó por unanimidad una resolución que prohibía expresamente más nevadas hasta el 24 de diciembre de 1992.

ORGULLO ESTATAL

Plutón todavía se reconoce oficialmente como planeta en Illinois, EE. UU. Tres años después de la polémica degradación a planeta enano, el estado decretó que Plutón debía restaurarse a su categoría anterior para conmemorar su descubrimiento en 1930, por Clyde Tombaugh, que nació en una granja cerca de Streator, Illinois.

Ubicadas en las áridas planicies costeras peruanas, las líneas de Nazca fueron grabadas en el suelo entre el año 500 A. C. y el 500 D. C. y siguen siendo uno de los enigmas arqueológicos más extraordinarios de todos los tiempos.

Conocidas como geoglifos, incluyen más de 800 líneas rectas, 300 figuras geométricas y 70 diseños estilizados de animales y plantas. Algunas líneas se extienden hasta 48 km, y los motivos de plantas y animales varían en longitud de 15 a 366 m. El primer arqueólogo peruano en estudiar sistemáticamente las líneas de Nazca fue Toribio Mejía Xesspe en 1926. Al no poder identificarlas desde el suelo, los aviones pronto surcaron los cielos en busca de una perspectiva aérea.

Después de Mejía Xesspe, el profesor estadounidense Paul Kosok declaró en 1941 que ciertas partes de las líneas podían considerarse "el libro de astronomía más grande del mundo". Pero la investigadora que tendría el impacto más profundo en nuestra comprensión de estos diseños es la matemática peruana nacida en Alemania Maria Reiche. Se ganó el apodo de "la dama de las líneas" tras haberlas estudiado durante 40 años. En el proceso, desarrolló teorías sobre los propósitos astronómicos y de calendarización de las líneas.

A pesar de casi 100 años de investigación moderna sobre estos geoglifos y su designación como Patrimonio de la Humanidad de la UNESCO en 1994, los investigadores todavía tienen más preguntas que respuestas con respecto a estas elaboradas creaciones.

Aunque Ud. no lo crea, ¡este diseño en forma de gato de unos 2000 años de antigüedad y 27 m de largo se descubrió apenas en octubre de 2020!

RIPLEY's
MARVELOUS! MIRROR MAZE™

¡MÁS ALLÁ DEL MUSEO!

¡LA AVENTURA COMIENZA AQUÍ!

RIPLEY's IMPOSSIBLE LaseRace™

¡DIVERSIÓN PALPITANTE!

LAS ATRACCIONES RIPLEY'S LASERACE Y MIRROR MAZE SOLO ESTÁN DISPONIBLES EN CANCÚN. ¡VISÍTANOS!

Ciudad de México, México

Veracruz México

Museo de lo Increíble

Guadalajara, México

Ven a ver como el libro cobra vida en un museo *Ripley's*® de cerca de ti:

BOULEVARD KUKULCAN,
KM 12.5 ZONA HOTELERA
INTERIOR PLAZA, LA ISLA,
77500 CANCÚN, Q.R., MEXICO

LONDRES 4
JUÁREZ, CUAUHTÉMOC
06600, JUÁREZ, CDMX

BLVD. MANUEL ÁVILA CAMACHO 1
RICARDO FLORES MAGÓN
91700, VERACRUZ, VERACRUZ

C. MORELOS 217
CENTRO
44100, GUADALAJARA, JALISCO

RECONOCIMIENTOS

MASTER GRAPHICS Luis Fuentes, © Filipchuk Maksym/Shutterstock.com, © Vasya Kobelev/Shutterstock.com, © Titima Ongkantong/Shutterstock.com, © wenani/Shutterstock.com
8–9 (bkg) © Titima Ongkantong/Shutterstock.com **9** (tr) walpaperlist.com, (cl) © Filipchuk Maksym/Shutterstock.com **10–11** (bkg) REUTERS/Kathleen Flynn/Alamy Stock Photo **11** (t, c, b) © Suzanne C. Grim/Shutterstock.com **12** © reptiles4all/Shutterstock.com **13** Paul Bertner/Minden Pictures **14** (t) Claire Hogan/Caters News, (b) Kendra Williams **15** (tl, tr) Roger Hutchings/Alamy Stock Photo, (b) london road via flickr (CC BY 2.0) **16–19** Ocean Alliance/Christian Miller **20–21** (t) Courtesy of Ran, IG @konel_bread **21** (b) Courtesy of Peter J. Wilt **22** (t) Christopher Dens/CATERS NEWS, (b) Courtesy of Nathan Cabrera **23** (tr, t, bl) SWNS **26** (tl) © Globe Photos/ZUMA Wire/Alamy Stock Photo, (b) Picture Perfect/Shutterstock.com **27** (tl) Sony/Shutterstock, (tr) Abc-Tv/Kobal/Shutterstock, (b) © Kathy Hutchins/Shutterstock.com **28** (tl) Anastasia Andreeva/Asya Kozina/Dmitriy Kozin/Cover Images, (tr) Anastasia Andreeva/Asya Kozina/Dmitriy Kozin/Cover Images, © Africa Studio/Shutterstock.com **29** (l) Anastasia Andreeva/Asya Kozina/Dmitriy Kozin/Cover Images, (r) Anastasia Andreeva/Asya Kozina/Dmitriy Kozin/Cover Images **30** (tl) © KarenHBlack/Shutterstock.com, (tr) © Jedsada Naeprai/Shutterstock.com, (cl) © Elzbieta Sekowska/Shutterstock.com, (cr) © Erni/Shutterstock.com, (b) © Jordi C/Shutterstock.com **31** (t) Nature Picture Library/Alamy Stock Photo, (b) Xinhua/Liu Xiao via Getty Images **32** Courtesy of Ben Jacoby and Ofer Yakov **33** Courtesy of Colin Thomas Darke **34** Lorie Shaull via flickr (CC BY-SA 2.0) **35** (t) MANDEL NGAN/AFP via Getty Images, (tl) Glessner House, (b) Lorie Shaull via flickr (CC BY-SA 2.0) **36** (t) SWNS, (b) © Dmitriy Efremychev/Shutterstock.com **37** (t) Mark Andrews/Alamy Stock Photo, (b) Xinhua/Alamy Stock Photo **38–39** KEN BUTLER/CATERS NEWS **40** Courtesy of Chas Moonie **41** Steve Lonhart via (SIMoN/MBNMS) U.S. National Oceanic and Atmospheric Administration (Public Domain) **42** Courtesy of Amadeus López **43** Courtesy of Erin Blaire and DeAndre Bennett **44–45** © R.M. Nunes/Shutterstock.com **44** (t) © Guitar photographer/Shutterstock.com, (b) © steph photographies/Shutterstock.com **45** © Olga Vasilyeva/Shutterstock.com **46** Tracey Smith/MERCURY PRESS/CATERS NEWS **47** (t) Ingo Arndt/Nature Picture Library, (b) Dr Farvardin Daliri www.favardindaliri.com **50** STR/AFP via Getty Images **51** SWNS **52–53** Camilo Freedman/APHOTOGRAFIA/Getty Images **53** ElmerGuevara via Wikimedia (CC BY-SA 3.0) **54** (tl) © Peter Hermes Furian/Shutterstock.com, (cl) © Andrey_Kuzmin/Shutterstock.com, (cr) © oksana2010/Shutterstock.com, (br) © Africa Studio/Shutterstock.com **55** Courtesy of Caroline Eriksson **56** (t) © Fabio Ara/Shutterstock.com, (b) Antony van der Ent, The University of Queensland, Australia. **57** © ChinKC/Shutterstock.com **58–59** (t) Lexus UK **58** (b) © Ungvari Attila/Shutterstock.com **60–61** Matthew Van Vorst, @cuttin_the_cheese **61** (bl, bc) @cuttin_the_cheese/Caters News **62** (t) James Owen Thomas/Caters News, (b) © Christos Georghiou/Shutterstock.com **63** Delicious Mr Darcy commissioned for TV channel Drama on UKTV Play **64** Instagram @vasilisafreestyle.1 **65** Courtesy of Dan Wasdahl and Joseph Albert **68** (t) REUTERS/Alamy Stock Photo **68** (b, br) Chris Humphrey/dpa/Alamy Live News **69** The Brick Wall/Cover Images **70** (tl) © mamboo/Shutterstock.com, (tr) © VladimirSVK/Shutterstock.com, (cl) © Trudy Wilkerson/Shutterstock.com, (cr) © Karel Bartik/Shutterstock.com, (b) © Jay Ondreicka/Shutterstock.com **71** (bkg) © volkova natalia/Shutterstock.com, (cr) © Seregraff/Shutterstock.com **72–73** © Christin Marinoni **73** Courtesy of Clay Mazing **74** (t, b) Courtesy of Clay Mazing **75** (t, b) © Christin Marinoni, (c) Courtesy of Clay Mazing **76** © SewCream/Shutterstock.com **77** Photononstop/Alamy Stock Photo **78** (t) Zhang Weiguo/VCG via Getty Images, (b) Photo taken by Kelly Rigoni **79** (t) Satoshi Nagare/The Nippon Foundation/Cover Images, (b) Satoshi Nagare/The Nippon Foundation/Cover Images **80** (tr) © Olga Moonlight/Shutterstock.com **80** (cr, bl, br) Ivan Djuric/Caters News **81** Ivan Djuric/Caters News **82** (t) Earth Science and Remote Sensing Unit, NASA Johnson Space Center (Public Domain), (b) tony_rodd via flickr (CC BY-NC-SA 2.0) **83** (bkg) JEFFREY GROENEWEG/ANP/AFP via Getty Images, (br) REUTERS/Eva Plevier/Alamy Stock Photo **84–89** (bkg) © Andrey_Kuzmin/Shutterstock.com **84, 86** (t) © rangizzz/Shutterstock.com **90** (t) Wellcome Collection (CC BY 4.0), (c) Daily Herald Archive/SSPL/Getty Images, (b) J. Willis Sayre Collection of Theatrical Photographs from University of Washington: Special Collections via Wikimedia Commons (Public Domain) **91** (t) © Ruslan Lytvyn/Shutterstock.com, (c) © Vasyl Rohan/Shutterstock.com, (b) © Oleksandr Berezko/Shutterstock.com **92–93** Tarso Marques/Cover Images **92** (bl, br) Renani Jewels/Cover Images **94** (t) STEVE HATHAWAY/CATERS NEWS, (b) Nature Picture Library/Alamy Stock Photo **95** Chase Dekker/Minden Pictures **98** (t) The Courier-Journal via Wikimedia Commons (Public Domain), (c) dbking via flickr(CC BY 2.0), (br) Polish Press Agency (PAP) via Wikimedia Commons (Public Domain) **99** (t) CBS Photo Archive/Getty Images, (bkg) © mark reinstein/Shutterstock.com, (b) Frank Augstein/AP/Shutterstock **100** Beth M. Bays **101** Luis Nostromo/Cover Images **102** (tl) Hubert Duprat via Wikimedia (CC BY-SA 3.0), (tr) Avalon.red/Alamy Stock Photo, (b) © davemhuntphotography/Shutterstock.com **103** (bkg) Paul Christian Gordon/Alamy Stock Photo, (br) Paul Christian Gordon/Alamy Stock Photo **104** (t) REUTERS/Alamy Stock Photo, (b) Courtesy of Uruguay Minerals **105** Love Hulten **106–109** www.fionaparkinson.com Instagram – @fiona_taxidermy **110** (tl) Adams Wood/Barcroft Media/Barcroft Media via Getty Images, (tr) Jason Blalock/Barcroft Media via Getty Images, (bl) LocoWiki via Wikimedia (CC BY-SA 4.0), (bc) Rabia S Ahmad via Wikimedia (CC BY 4.0), (br) Courtesy of Elaine Kicknosway **111** Istvan Lettang/Barcroft Media via Getty Images **112–113** (t) dbking via flickr (CC BY 2.0) **113** (tr) FBI (Public Domain) **113** (tl) George Skadding/The LIFE Picture Collection via Getty Images, (bl, br) Caters News/Sonia Barton **116** Noah Sheidlower **117** SWNS **118–119** Simon J Pierce at naturetripper.com **120** (t) Subhankar Chakraborty/Hindustan Times via Getty Images, (b) Qu Honglun/China News Service/Visual China Group via Getty Images **121** Uwe Zucchi/picture alliance via Getty Images **122** (b) Biblio Photography/Alamy Stock Photo, (cl) © Steely Images/Shutterstock.com **123** Bonhams/BNPS **124** SWNS **125** (bkg) Jhony Islas/AP/Shutterstock.com, (tr) © videobuzzing/Shutterstock.com, (cr) © Daniel Prudek/Shutterstock.com

Clave: t = arriba, b = abajo, c = centro, l = izquierda, r = derecha, bkg = fondo

Todas las demás fotos son de Ripley Entertainment, Inc. Se han realizado todos los esfuerzos posibles para reconocer apropiadamente y ponerse en contacto con los titulares de los derechos de autor. Nos disculpamos de antemano por cualquier error u omisión no intencional, que se corregirá en las siguientes ediciones.

Conéctese con  Ripley's en línea o en persona

28
EXTRAORDINARIAS
UBICACIONES

Hay 28 increíbles Odditoriums de ¡Aunque Ud. no lo crea!, de Ripley, en el mundo, ¡donde podrá disfrutar de nuestras espectaculares colecciones!

Ámsterdam
PAÍSES BAJOS

Atlantic City
NUEVA JERSEY, EE. UU.

Blackpool
INGLATERRA

Branson
MISSOURI, EE. UU.

Cavendish
P.E.I., CANADÁ

Copenhague
DINAMARCA

Dubái
EMIRATOS ÁRABES UNIDOS

Gatlinburg
TENNESSEE, EE. UU.

Genting Highlands
MALASIA

Grand Prairie
TEXAS, EE. UU.

Guadalajara
MÉXICO

Hollywood
CALIFORNIA, EE. UU.

Ciudad de México
MÉXICO

Myrtle Beach
CAROLINA DEL SUR, EE. UU.

Ciudad de Nueva York
NUEVA YORK, EE. UU.

Newport
OREGON, EE. UU.

Niagara Falls
ONTARIO, CANADÁ

Ocean City
MARYLAND, EE. UU.

Orlando
FLORIDA, EE. UU.

Panama City Beach
FLORIDA, EE. UU.

Pattaya
TAILANDIA

San Antonio
TEXAS, EE. UU.

San Francisco
CALIFORNIA, EE. UU.

St. Augustine
FLORIDA, EE. UU.

Surfers Paradise
AUSTRALIA

Veracruz
MÉXICO

Williamsburg
VIRGINIA, EE. UU.

Wisconsin Dells
WISCONSIN, EE. UU.

Busque todos los días en nuestro sitio web nuevas historias, fotos, concursos y mucho más. **www.ripleys.com**
No se olvide de seguirnos en las redes sociales para recibir una dosis diaria de lo extraño y lo maravilloso.

 /RipleysBelieveItOrNot  @Ripleys youtube.com/Ripleys

 @RipleysBelieveItorNot  @ripleysbelieveitornot